Kommunikativ stark – Sprachmittlung Spanisch

44 Aufgaben Niveau A1–B2

Grundlagenartikel von Frank Schöpp

Kopiervorlagen von
María Victoria Rojas Riether
Frank Schöpp

Ernst Klett Sprachen
Stuttgart

1. Auflage 1 ⁵ ⁴ ³ ² | 2017 16 15 14

Alle Drucke dieser Auflage sind unverändert und können im Unterricht nebeneinander verwendet werden. Die letzte Zahl bezeichnet das Jahr des Druckes. Das Werk und seine Teile sind urheberrechtlich geschützt. Jede Nutzung in anderen als den gesetzlich zugelassenen Fällen bedarf der vorherigen schriftlichen Einwilligung des Verlags.
Hinweis zu § 52a UrhG: Weder das Werk noch seine Teile dürfen ohne eine solche Einwilligung eingescannt und in ein Netzwerk eingestellt werden. Dies gilt auch für Intranets von Schulen und sonstigen Bildungseinrichtungen. Fotomechanische oder andere Wiedergabeverfahren nur mit Genehmigung des Verlags.
Die in diesem Werk angegebenen Links wurden von der Redaktion sorgfältig geprüft, wohl wissend, dass sie sich ändern können. Die Redaktion erklärt hiermit ausdrücklich, dass zum Zeitpunkt der Linksetzung keine illegalen Inhalte auf den zu verlinkenden Seiten erkennbar waren. Auf die aktuelle und zukünftige Gestaltung, die Inhalte oder die Urheberschaft der verlinkten Seiten hat die Redaktion keinerlei Einfluss. Deshalb distanziert sie sich hiermit ausdrücklich von allen Inhalten aller verlinkten Seiten, die nach der Linksetzung verändert wurden. Diese Erklärung gilt für alle in diesem Werk aufgeführten Links.

© Ernst Klett Sprachen GmbH, Rotebühlstraße 77, 70178 Stuttgart 2013.
Alle Rechte vorbehalten.
Internetadresse: www.klett.de / www.lektueren.com

Autor und Berater: Frank Schöpp
Autorin: María Victoria Rojas Riether
Redaktion: Simone Roth
Layoutkonzeption: Elmar Feuerbach
Gestaltung und Satz: Eva Mokhlis, Swabianmedia, Stuttgart
Umschlaggestaltung: Elmar Feuerbach
Titelbild: *links* Shutterstock (Olaf Speier), New York, NY; *rechts* Thinkstock (iStockphoto), München
Druck und Bindung: AZ Druck und Datentechnik GmbH, Heisinger Straße 16, 87437 Kempten/Allgäu

Printed in Germany

ISBN 978-3-12-525615-6

Inhaltsverzeichnis

Vorwort 4

Grundlagen
Definition des Begriffs „Sprachmittlung"................................... 5
Sprachmittlung im Unterricht.. 6
Sprachmittlung als eigenständige kommunikative Aktivität 8
    Die sprachlich-kommunikative Kompetenz 10
    Die interkulturelle Kompetenz 10
    Die interaktionale Kompetenz.. 11
    Die strategisch-methodische Kompetenz.............................. 11
Grundprinzipien der Sprachmittlung 13
    Sinnvolle Integration der Mediation in die Unterrichtsthematik....... 13
    Realitätsnahe Situation 13
    Berücksichtigung der kommunikativen Ausrichtung der Mediation 13
    Authentische Textquellen... 13
    Präzise Aufgabenstellungen 13
    Transparente Bewertungskriterien 14
Sprachmittlung und Mehrsprachigkeit..................................... 14
Bibliografie... 15

Kopiervorlagen
A Textaufgaben zur Sprachmittlung .... 16–24 + 41–53
B Rollenkarten zur Sprachmittlung *(in der Heftmitte)*.................. 25–40
C Mehrsprachige Sprachmittlung 54
D Hörverstehen: Aufgaben zur Sprachmittlung 56
E Hörsehverstehen: Aufgaben zur Sprachmittlung........................ 61
Extra: Multimediale Aufgabe 63

Lösungsvorschläge und Lehrerhinweise .... **Online-Link c7zd3a**

Das kostenlose Audio- und Video-Material für die Aufgaben zum Hör- und Hörsehverstehen (Teile D und E) finden Sie im Internet unter den im Heft angegebenen Online-Links.
Alle Lösungsvorschläge und Hinweise zu den einzelnen Aufgaben finden Sie unter dem Online-Link **c7zd3a**. Einfach auf www.klett.de gehen und den gewünschten Online-Link in das Suchfeld eingeben.

Vorwort

Sinngemäße Übertragung von einer Sprache A in eine Sprache B

Ausgelöst durch die Frage nach der Sinnhaftigkeit des Übersetzens im schulischen Unterricht der modernen Fremdsprachen und damit einhergehende Überlegungen bezüglich einer praxisnahen Alternative hat ein Aufgabenformat Einzug in den Spanischunterricht gehalten, bei dem eine Information oder ein Textinhalt *sinngemäß*, und nicht länger wörtlich, von einer Sprache A in eine Sprache B zu übertragen ist. Begründet wird die Integration dieses Aufgabenformates in den Unterricht mit seiner Relevanz im Alltagsleben. Tatsächlich ist in alltäglichen Kommunikationssituationen zwischen Sprecherinnen und Sprechern verschiedener Sprachen in der Regel nicht die wortgenaue Wiedergabe einer Information erforderlich; das sinngemäße Übertragen von mündlichen oder schriftlichen Texten hingegen stellt eine Aktivität dar, die in allen Lebensbereichen wichtig ist, und mit der wir – ob als Lernende oder als Lehrende – normalerweise sehr viel häufiger konfrontiert werden als mit dem Übersetzen oder Dolmetschen. Wenn uns beispielsweise Freunde ohne Spanischkenntnisse die Homepage eines Hotels zeigen und uns nach dessen Ausstattung, Lage usw. fragen, übersetzen wir die Informationen nicht Wort für Wort, sondern fassen diese auf Deutsch zusammen.

Selbstverständlich gibt es Situationen, in denen eine wörtliche Übertragung erforderlich ist, zum Beispiel beim Schließen eines Vertrages. Lernende des Spanischen werden allerdings auch nach dem Ende ihrer Schulzeit nur in Ausnahmefällen Verträge auf Spanisch schließen – und für diese können sie dann auf speziell ausgebildete Übersetzer zurückgreifen. Hingegen werden sie immer wieder in Situationen geraten, in denen sie zwischen Kommunikationspartnern, die einander nicht oder nur unzureichend verstehen, *vermitteln*, um die Sprechabsichten des jeweils anderen verständlich zu machen.

Dass die Sprachmittlung, verstanden als das sinngemäße Übertragen von Informationen, auf Grund dieses Anwendungsbezugs im beruflichen sowie im privaten Alltag heute zu Recht in den aktuellen bildungspolitischen Dokumenten fest verankert ist, bedeutet für die schulische Praxis des Spanischunterrichts die Notwendigkeit der Integration entsprechender Aufgaben. Bereits ab dem ersten Lernjahr sollten mündliche und schriftliche Aufgaben einen festen Platz im Unterrichtsgeschehen einnehmen, wobei selbstverständlich eine Progression von sprachlich einfacheren, kürzeren Aufgaben, zu komplexeren, längeren, größere Transferleistungen erfordernden Aufgaben zu berücksichtigen ist.

Mit dem vorliegenden Heft, das lehrwerksunabhängig einsetzbar ist, möchten wir Ihnen eine praxiserprobte Sammlung von Aufgaben zur Sprachmittlung auf den Niveaustufen A1 bis B2 des Gemeinsamen europäischen Referenzrahmens für Sprachen (GeR) vorstellen. Sie finden textbasierte Aufgaben zur Sprachmittlung Deutsch–Spanisch bzw. Spanisch–Deutsch, inklusive zweier Aufgaben zur interkomprehensionsbasierten Sprachmittlung; heraustrennbare, farbige Rollenspielkarten zur mündlichen Sprachmittlung; Sprachmittlungsaufgaben, die gleichzeitig das Hör- und Hörsehverstehen schulen, sowie eine multimediale Mittlungsaufgabe. Alle Lehrerhinweise und Beispiellösungen erhalten Sie kostenlos über einen Online-Code, ebenso die zusätzlichen zur Durchführung der Aufgaben benötigten Materialien.

Viel Spaß und Erfolg bei der Umsetzung im Unterricht!

Die Autoren

Definition des Begriffs „Sprachmittlung"

Mit dem Erscheinen des GeR im Jahr 2001 betritt eine kommunikative Aktivität die fremdsprachendidaktische Bühne, die in der alltäglichen und beruflichen Kommunikation von großer Bedeutung ist und inzwischen eine fest etablierte Größe im Unterricht der modernen Fremdsprachen darstellt: das *sinngemäße Sprachmitteln*. Ihre Verankerung im Unterricht zeigt sich unter anderem darin, dass sie als Prüfungsformat sowohl im Mittleren Bildungsabschluss als auch in der Abiturprüfung seit einigen Jahren einen festen Platz einnimmt. Nicht immer wird jedoch inhaltlich dasselbe gemeint, wenn von „Sprachmittlung" gesprochen wird, so dass wir zunächst die Verwendung des Begriffs in der vorliegenden Publikation festlegen: Sprachmittlung, als Synonym verwenden wir auch Mediation, ist der Oberbegriff für verschiedene Formen der mündlichen und schriftlichen Übertragung von Texten aus einer Sprache A in eine Sprache B. Dazu zählt neben der traditionellen Form der – mündlichen oder schriftlichen – textäquivalenten Übertragung bzw. Sprachmittlung (Dolmetschen und Übersetzen) in die oder aus der Fremdsprache auch das sinngemäße Übertragen bzw. sinngemäße Sprachmitteln. Darunter verstehen wir die *freie, adressaten-, sinn- und situationsgerechte Übermittlung* von Inhalten aus einer Sprache in eine andere.

> Sprachmittlung ist in den Bildungsstandards für den Mittleren Schulabschluss (KMK 2004) ebenso wie in den Bildungsstandards für die fortgeführte Fremdsprache (Englisch/Französisch) für die Allgemeine Hochschulreife (KMK 2012) fest verankert.

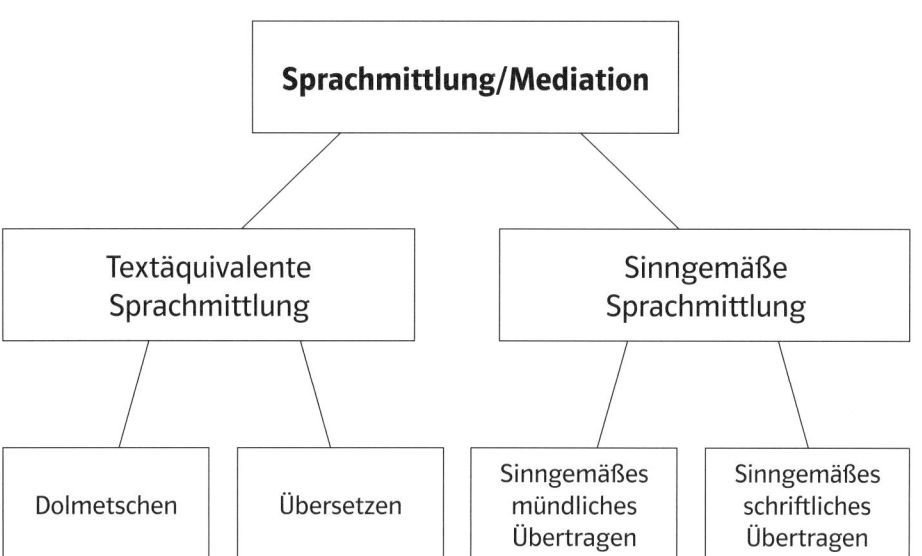

Definition des Begriffs Sprachmittlung

Bei allen Formen der Sprachmittlung sind grundsätzlich verschiedene Sprachrichtungen möglich:

- von der Mutter- bzw. Verkehrssprache in die Fremdsprache;
- von der Fremdsprache in die Mutter- bzw. Verkehrssprache;
- von einer Fremdsprache A in eine andere Fremdsprache B.

Unabhängig von Form und Richtung der Übertragung gilt stets, dass Sprachmittler und -mittlerinnen niemals ihre eigenen Absichten zum Ausdruck bringen, sondern sich als Mittler zwischen Gesprächspartnern betrachten, die einander nicht direkt verstehen können (cf. Europarat 2001, 89).

Sprachmittlung im Unterricht

Innerhalb des Spanischunterrichts spielen das Übersetzen und das Dolmetschen, die neben der Textsortenäquivalenz ebenfalls eine möglichst exakte semantische und pragmatische Übereinstimmung zwischen Ausgangs- und Zieltext anstreben, lediglich eine untergeordnete Rolle. Beide Aktivitäten erfordern in der Regel eine professionelle Ausbildung und sind der Realität der alltäglichen kommunikativen Anforderungen geradezu diametral entgegengesetzt. Letztere bestehen in der effizienten Bewältigung von Situationen, konkret im Sichern der Kommunikation und im Herstellen oder Aufrechterhalten der Handlungsfähigkeit der Beteiligten. In Alltagssituationen tritt somit an die Stelle der für Übersetzungen charakteristischen translatorischen Adäquatheit die kommunikative Adäquatheit, an die Stelle der Beibehaltung der Textsorte und ihrer stilistischen Mittel tritt die Loslösung von der Textstruktur des Originaltextes (z.B. indem eigene Worte verwendet oder Strukturen vereinfacht werden), an die Stelle der detailgetreuen Wiedergabe des ganzen Textes tritt die situations- und adressatengetreue Wiedergabe der für ein bestimmtes Interesse wesentlichen Inhalte des Textes.

In der Tat ist es schwer vorstellbar, dass wir bei der Begegnung einer spanischen Austauschlehrerin mit deutschen Kolleginnen und Kollegen im Lehrerzimmer, die kein Spanisch sprechen, als Dolmetscherinnen oder Dolmetscher auftreten und die Äußerungen der Gesprächspartnerinnen bzw. -partner jeweils konsekutiv oder gar simultan dolmetschen. Vielmehr ist davon auszugehen, dass wir die jeweiligen Äußerungen paraphrasieren werden. Auch im Bereich der schriftlichen Sprachmittlung eines in schriftlicher Form vorliegenden Textes ist das freie Zusammenfassen der Informationen im Alltag die Regel. Das text- und wortgenaue Übersetzen ist formalen Kontexten vorbehalten und findet im Unterricht der modernen Fremdsprachen allenfalls punktuell Anwendung, etwa im Rahmen kontrastiver Grammatik- oder Lexikbetrachtung bzw. zur Verständniskontrolle einzelner Wendungen und Textstellen.

Als Grundsätze für das sinngemäße Übertragen können wir somit an dieser Stelle zum einen die Loslösung von der Wortebene des Ausgangstextes festhalten, zum anderen – das deutet der Name bereits an – die sinngemäße Wiedergabe der Inhalte. Eine wichtige Abgrenzung zum GeR besteht darin, dass wir im Folgenden den Begriff der „Sprachmittlung" ausschließlich zur Bezeichnung interlingualer Kommunikationsakte verwenden. Werden im Unterricht spanische Texte mündlich oder schriftlich auf Spanisch zusammengefasst, liegt unseres Ermessens nach ein intralingualer Kommunikationsakt vor, der nicht in den Bereich der Sprachmittlung fällt. Der GeR hingegen zählt auch „das Zusammenfassen und Paraphrasieren von Texten in derselben Sprache, wenn derjenige, für den der Text gedacht ist, den Originaltext nicht versteht" (Europarat 2001, 90) zur Sprachmittlung.

Für den Spanischunterricht sind folglich hauptsächlich zwei der oben erwähnten vier Formen der Sprachmittlung von Bedeutung: das mündliche sowie das schriftliche sinngemäße Übertragen von Informationen in die jeweils andere Sprache.

Marginalien:

Sprachmittlung =
– Sichern der Kommunikation
– Aufrechterhalten der Handlungsfähigkeit der Beteiligten

Kommunikative Adäquatheit

Grundsätze des Übertragens:
– Lösung von der Wortebene
– Hinwendung zur sinngemäßen Wiedergabe

Ein Blick in die curricularen Vorgaben der einzelnen Bundesländer bestätigt die Fokussierung auf die beiden genannten Bereiche der Sprachmittlung, die sich darüber hinaus auch in den Bildungsstandards für die fortgeführte Fremdsprache (Englisch/Französisch) für die Allgemeine Hochschulreife wiederfindet. Dort heißt es: „Die Schülerinnen und Schüler können – auch unter Verwendung von Hilfsmitteln und Strategien – wesentliche Inhalte authentischer mündlicher oder schriftlicher Texte, auch zu weniger vertrauten Themen, in der jeweils anderen Sprache sowohl schriftlich als auch mündlich adressatengerecht und situationsangemessen für einen bestimmten Zweck wiedergeben" (KMK 2012, 19).

In der schriftlichen, ab dem Schuljahr 2016/17 in allen Bundesländern auf den Bildungsstandards basierenden und aus zwei Teilen bestehenden Abiturprüfung erstellen die Schülerinnen und Schüler im verpflichtenden Teil ‚Schreiben' einen längeren Text in der Zielsprache. Ergänzt wird diese Sprachproduktion durch einen weiteren, aus zwei Prüfungsaufgaben zu unterschiedlichen Kompetenzbereichen bestehenden Prüfungsteil, der ebenfalls verpflichtend ist. Die beiden Kompetenzbereiche sind aus den folgenden auszuwählen: Hör- bzw. Hörsehverstehen, Sprechen, Leseverstehen und schriftliche bzw. mündliche Sprachmittlung.

Unabhängig davon, ob Spanisch als erste, zweite, dritte oder vierte schulische Fremdsprache gelernt wird, betrifft die Aufwertung der Sprachmittlung den Unterricht. Bezüglich der Aufgabenformen für die Sprachmittlung nennen die Bildungsstandards drei Möglichkeiten:
- sinngemäße (schriftliche oder mündliche) Wiedergabe des wesentlichen Inhalts eines oder mehrerer deutscher Ausgangstexte in der Fremdsprache;
- sinngemäße (schriftliche oder mündliche) Wiedergabe des wesentlichen Inhalts eines oder mehrerer fremdsprachiger Ausgangstexte im Deutschen;
- sukzessive Wiedergabe von mündlichen Aussagen.

Lyrische Texte und Texte mit ausgeprägtem stilistischem Anspruch sind als Vorlagen nicht geeignet.

Da das sinngemäße Übertragen und Zusammenfassen sowohl mündlich als auch schriftlich erfolgen kann und die Ausgangstexte mündlich oder schriftlich realisiert sein können, ist es sinnvoll, eine weitere Unterscheidung vorzunehmen zwischen:
- der mündlichen Übertragung schriftlich realisierter Diskurse;
- der mündlichen Übertragung mündlich realisierter Diskurse;
- der schriftlichen Übertragung schriftlich realisierter Diskurse;
- der schriftlichen Übertragung mündlich realisierter Diskurse.

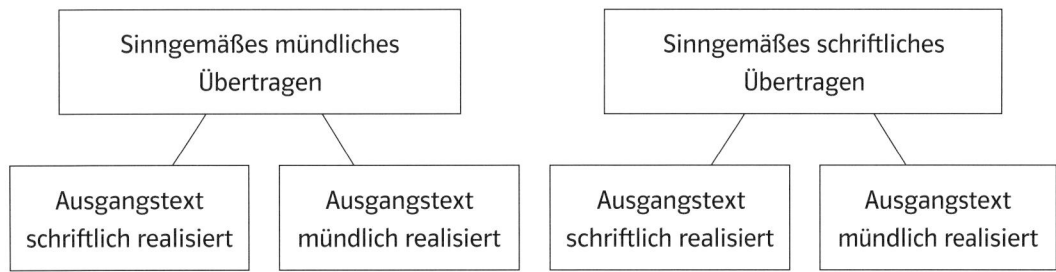

So kann beispielsweise der Inhalt eines an eine Person A gerichteten fremdsprachigen Briefes von einer Person B mündlich auf Deutsch wiedergegeben werden, während die mündlich und auf Deutsch vorgetragene Bitte einer Person A an eine Person B, eine E-Mail an ein Hotel im Urlaubsland zu schicken und dabei verschiedene Wünsche zu formulieren (beispielsweise ein Zimmer mit Meerblick oder in der Nähe des Pools), von B eine schriftliche Realisierung in der Zielsprache erfordert.

Ziel des Unterrichts: Lernende können in mehrsprachigen Situationen mündlich vermitteln.

Für die Anfangsjahre des Fremdsprachenunterrichts fordern Lehrpläne und Curricula, dass Schülerinnen und Schüler in alltäglichen Kommunikationssituationen sprachmittelnd agieren können, etwa in einem Restaurant oder einer Bäckerei, und einfache Gebrauchstexte, z.B. Kochrezepte, Reiseprospekte, Werbung, sinngemäß übertragen können. Mit Fortschreiten des Sprachlehrgangs besteht das Ziel zunehmend in der Fähigkeit zur Vermittlung von Informationen und persönlichen Stellungnahmen in mehrsprachigen Situationen in anwendungsbezogenen Zusammenhängen. Die Lernenden sollten am Ende ihrer Schulzeit in der Lage sein, in mehrsprachigen Situationen mündlich zu vermitteln und Texte in der jeweils anderen Sprache zusammenzufassen.

Solche Situationen könnten beispielsweise die folgenden sein:
- das Zusammenfassen von E-Mails oder Briefen von der einen in die andere Sprache;
- das Übertragen der wichtigsten Informationen eines Hotel-Prospektes oder des Internet-Auftritts eines Hotels;
- das Durchführen von Buchungen oder Reservierungen;
- die Inhaltsangabe von Büchern oder Filmen;
- das Zusammenfassen von Zeitungsartikeln;
- das Vermitteln in Urlaubssituationen zwischen Eltern oder Freundinnen/ Freunden und Sprecherinnen/Sprechern der Landessprache.

Sprachmittlung als eigenständige kommunikative Aktivität

Dass die Sprachmittlung in zahlreichen bildungspolitischen Dokumenten als „Fertigkeit" bezeichnet wird, ist unseres Erachtens nicht unproblematisch, was wir an einem Beispiel zeigen möchten. Stellen wir uns vor, dass eine Spanisch lernende Schülerin mit ihren Eltern, die kein Spanisch sprechen, in Andalusien Urlaub macht. Im Hotel möchte sich der Vater an der Rezeption darüber beklagen, dass sich das Fenster im Zimmer nicht richtig schließen lässt. Er bittet daher seine Tochter, dem Rezeptionisten den Sachverhalt darzulegen. Die Schülerin muss also eine mündliche Äußerung in der Ausgangssprache verstehen (was in ihrer Muttersprache selbstverständlich kein Problem darstellt), diese paraphrasieren und die Problematik adäquat auf Spanisch wiedergeben. Im Anschluss daran gilt es, die auf Spanisch formulierte Reaktion des Rezeptionisten zu dekodieren, zu verstehen, eventuell nachzufragen und in der Ausgangssprache angemessen wiederzugeben.

Wie an diesem einfachen Beispiel gut zu sehen ist, wirken Textrezeption und -produktion im Bereich des sinngemäßen Übertragens eng zusammen. Ohne ein gründliches Verständnis des Ausgangstexts kann die Zusammenfassung nicht gelingen. Andererseits kommt ein gutes Textverständnis nicht zum Tragen, wenn die angemessene Versprachlichung der Inhalte auf Grund mangelnder Sprachkenntnisse nicht möglich ist.

Hallet (2008, 4)

Das Schaubild verdeutlicht, dass es sich beim sinngemäßen Übertragen einer Information oder eines Textinhalts um eine komplexe Aktivität handelt, bei der Kombinationen der vier Grundfertigkeiten Hören, Sprechen, Lesen und Schreiben involviert sind.

Kann man aber das sinngemäße Übertragen als „Fertigkeit" bezeichnen, wenn es selbst aus der Kombination rezeptiver und produktiver Fertigkeiten besteht? Zu Recht stellt Rössler (2008, 60) fest, dass die Annahme, die Summe verschiedener Fertigkeiten ergebe wiederum eine Fertigkeit, „wenig Sinn" macht. Wir werden daher in unseren Ausführungen der Kategorisierung des GeR folgen und das sinngemäße Zusammenfassen als eigenständige kommunikative Aktivität betrachten, deren integrale Bestandteile sowohl rezeptive als auch produktive Kompetenzen sind.

Dabei müssen Sprachmittelnde eine Vielzahl von Herausforderungen meistern:
1. den Kommunikationszweck des Textes erkennen;
2. die Qualität der verschiedenen Informationen unterscheiden;
3. die gelesenen/gehörten Informationen auf den Kerngehalt reduzieren;
4. bei der mündlichen sinngemäßen Übertragung im Fall von Unklarheiten nachfragen und um Erklärungen bitten;
5. die für das Gegenüber relevanten Informationen in der Zielsprache zusammenfassen (situations- und adressatengemäß);
6. sprachliche Strukturen im Ausgangstext ggf. vereinfachen (in eigene Worte fassen);
7. Techniken zur Umschreibung unbekannter Wörter anwenden;
8. den Ausgangs- und den Zieltext auf inhaltliche Kongruenz prüfen.

Herausforderungen für die Lernenden

Um in einer konkreten Alltagssituation diese Herausforderungen bewältigen und eine erfolgreiche Sprachmittlung vornehmen zu können, müssen die Lernenden im Rahmen des Spanischunterrichts eine Reihe von Teilkompetenzen entwickeln. Die Menge dieser Teilkompetenzen konstituiert die Sprachmittlungskompetenz. In Anlehnung an Hallet (2008) unterscheiden wir zwischen vier Teilkompetenzen:
1. der sprachlich-kommunikativen Kompetenz;
2. der interkulturellen Kompetenz;
3. der interaktionalen Kompetenz sowie
4. der strategisch-methodischen Kompetenz.

Die sprachlich-kommunikative Kompetenz

Schwerpunkt des Anfangsunterrichts: Übertragung aus der Fremdsprache ins Deutsche

Grundvoraussetzung für das Gelingen sprachmittelnder Aktivitäten sind entsprechende rezeptive und produktive Kenntnisse der Ausgangs- und Zielsprache der Mediatorin bzw. des Mediators, wobei diese kommunikativen Fertigkeiten – wie oben ausgeführt wurde – in der Regel kombiniert anzuwenden sind. Mit Hallet (2008, 4) zählen wir dazu auch „die Fähigkeit, den Kommunikationszweck zu erkennen, auf dieser Grundlage rasch und spontan eine angemessene zielsprachliche Textsorte sowie den Grad der Reduktion, ggf. auch der Expansion festzulegen und zu nutzen".

Keinesfalls bedeutet dies, dass die Kenntnisse der Lernenden in der Fremdsprache immer auf einem höheren Niveau des GeR, etwa B1, liegen müssen. Selbstverständlich können die Schülerinnen und Schüler jederzeit, auch in den ersten Wochen oder Monaten ihres Spanischunterrichts in Sprachmittlungssituation geraten. Im Anfangsunterricht sollte die sinngemäße Sprachmittlung zunächst schwerpunktmäßig aus der Fremdsprache ins Deutsche erfolgen. Hier bieten sich beispielsweise Hinweistafeln, Plakate und Prospekte mit kurzen Sätzen an. Allerdings können Lernende des Spanischen als dritte oder vierte Fremdsprache bei entsprechend ausgewählten Texten oft bereits zu Beginn des Sprachlehrgangs unter Rückgriff auf ihre zuvor oder parallel erlernten (Fremd-)Sprachen (Englisch und häufig Französisch oder Latein) die wesentlichen Elemente eines aktuellen Zeitungsartikels verstehen und auf Deutsch paraphrasieren.

Es kommt insbesondere im Unterricht einer in der Mittel- oder Oberstufe einsetzenden Fremdsprache darauf an, die Schülerinnen und Schüler regelmäßig zu interlingualen Vergleichen zu ermutigen, sie beim Erschließen scheinbar unbekannten Sprachmaterials zu unterstützen und ihnen deutlich zu machen, dass sie in der neuen Sprache keine „Null-Anfänger" sind. Werden diese Prinzipien berücksichtigt, spricht nichts dagegen, die Lernenden auch in den Anfangsphasen ihres Spanischunterrichts mit einem sprachlich nicht zu anspruchsvollen Zeitungsartikel zu konfrontieren und sie auf Deutsch die Informationen zusammenfassen zu lassen, die sie verstanden haben. Selbstverständlich setzt eine komplexere Mediation zwischen Sprecherinnen und Sprechern unterschiedlicher Sprachen sowohl rezeptive als auch produktive Kenntnisse in beiden Sprachen voraus.

Die interkulturelle Kompetenz

In der Mutter- wie in der Fremdsprache werden Verständigungsprozesse nicht allein durch explizit geäußerte Zeichen gesteuert. Neben den Bedingungen der Situation wirken vor allem Subtexte, die sich unter anderem der kulturellen Einbindung der Beteiligten verdanken, entscheidend mit. Rössler (2009b, 177) zufolge gilt interkulturelle Kommunikationsfähigkeit „heute auch als eine – wenn nicht als die – herausragende Querschnittsaufgabe schulischer und außerschulischer Bildungsarbeit". Ein gut entwickeltes interkulturelles Problembewusstsein ist daher für die Mediatoren von großer Wichtigkeit. Dazu zählen z.B. ein Bewusstsein für sprachliche und soziale Gewohnheiten in beiden Sprachen oder auch ein Gespür dafür, wann es erforderlich ist, die Äußerung eines Sprechers A durch zusätzliche Informationen zu ergänzen, damit Sprecherin B sie richtig verstehen kann. Wenn eine Sprachmittlerin bzw. ein Sprachmittler im Zusammenhang mit dem spanischen Feiertag *Reyes magos* lediglich auf die aus dem deutschen Sprachraum bekannten Heiligen Drei Könige am 6. Januar verweist, stellt dies eine falsche Gleichsetzung des deutschen Dreikönigstags mit dem spanischen Fest dar. Sie/Er müsste an dieser Stelle ergänzen, dass die *Reyes magos* den Kindern in Spanien in der Nacht zum 6. Januar Geschenke bringen und dass es am 5. Januar in vielen Städten Festumzüge zu Ehren der *reyes* gibt.

Die interaktionale Kompetenz

Hierbei handelt es sich um eine soziale Kompetenz. Wie Hallet (2008, 5) betont, muss die Mediatorin bzw. der Mediator „nicht nur die Anforderungen und Besonderheiten einer sozialen Situation erfassen können, sondern auch das Verhältnis der beteiligten Personen zueinander, deren Handlungs- oder Kommunikationsziele, deren Interessen und deren Vorwissen". An dieser Stelle werden die Parallelen zur Mediation, verstanden als Verfahren zur konstruktiven Beilegung oder Vermeidung eines Konfliktes, offensichtlich.

Parallelen zur Mediation von Konflikten

Die Konfliktparteien – Medianden genannt – wollen mit Unterstützung einer dritten unparteiischen Person – der Mediatorin bzw. dem Mediator – zu einer einvernehmlichen Vereinbarung gelangen, die ihren Bedürfnissen und Interessen entspricht. Interaktional kompetente Mediatorinnen und Mediatoren müssen selbstverständlich auch darauf achten, eigene Interessen und Ziele nicht in ihre sprachmittelnden Aktivitäten einfließen zu lassen.

Die strategisch-methodische Kompetenz

Aufgaben zum sinngemäßen Übertragen können auf Grund ihrer Komplexität nicht ohne ein Mindestmaß an strategisch-methodischen Kompetenzen bewältigt werden. In mündlichen Kommunikationssituationen spielt beispielsweise das Antizipieren von Äußerungen (auf die letzte Äußerung von A wird B wahrscheinlich aggressiv/beleidigt/traurig usw. reagieren) und das permanente Überwachen der Kommunikationssituation (hat B verstanden, was A gefragt hat oder muss ich etwas ergänzen?) eine wichtige Rolle, die mit den Lernenden trainiert werden muss.

Von besonderer Bedeutung sowohl für das mündliche als auch für das schriftliche sinngemäße Übertragen sind die Kommunikationsstrategien, die es der Sprachmittlerin bzw. dem Sprachmittler erlauben, bei der Übertragung von der Mutter- in die Fremdsprache eigene lexikalische Lücken zu kompensieren, beispielsweise durch Umschreibungen.

Wie Rössler (2009a, 165) unter Verweis auf empirische Arbeiten zu Recht hervorhebt, besteht begründeter Anlass zu der Annahme, „dass ein bewusster Strategieeinsatz bei allen Fremdsprachenlernern effektives Sprachenlernen fördert, dass aber insbesondere schwache und unerfahrene Fremdsprachenlerner von einem expliziten Strategientraining profitieren". Wir sind daher überzeugt, dass der bewusste und sukzessive Aufbau von strategischen Kompetenzen eine sinnvolle Etappe auch auf dem Weg zur Ausbildung der Sprachmittlungskompetenz darstellt.

Neben fertigkeitsbezogenen und sozialen Strategien haben sich Kommunikationsstrategien in der schulischen Praxis als essentiell für das erfolgreiche sinngemäße Übertragen erwiesen. Tatsächlich stellen Unterrichtende oft die Vereinfachung komplexer Wendungen sowie den kreativen Umgang mit nicht übersetzbaren Ausdrücken/Wendungen (auch Phraseologismen, z.B. dt. ein dickes

Strategientraining zur Kompensation lexikalischer Lücken

Fell haben) als die größten Herausforderungen dar, denen sich ihre Lernenden beim sinngemäßen Übertragen stellen müssen.

Kommunikationsstrategien wie z.B. Vereinfachen und Paraphrasieren

Die Vereinfachung komplexer Wendungen und das Paraphrasieren unbekannten Vokabulars bedürfen eines intensiven Trainings und sind vor allem in den beiden ersten Lernjahren, wenn der Spracherwerb der Schülerinnen und Schüler noch im Vordergrund steht, unentbehrlich. In höheren Klassenstufen werden diese Kompetenzen in der Regel vorausgesetzt, denn schließlich handelt es sich bei der Fähigkeit, in der Kommunikation mit anderen Sprecherinnen und Sprechern eine lexikalische Lücke in der Fremdsprache durch eine Umschreibung zu kompensieren, um eine Basiskompetenz, die der allgemeinen Ausdrucksfähigkeit dient. Strategien zur Umschreibung oder Vereinfachung sprachlicher Äußerungen können – besonders zu Beginn des Spracherwerbs – isoliert trainiert werden.

Grundsätzlich gilt jedoch, dass bei weiter entwickelten funktional-kommunikativen Kompetenzen die Schulung der Übertragungskompetenz an realistischen Aufgaben, die bewusst nicht mit dem bekannten Vokabular gelöst werden können, erfolgen sollte. Die Liste der nachfolgend vorgestellten Strategien ist keineswegs als vollständig zu verstehen, sie enthält jedoch die Kommunikationsstrategien, die unseren Erfahrungen zufolge Schülerinnen und Schüler durch regelmäßiges Training nach vergleichsweise kurzer Zeit erfolgreich anwenden können.

Im Einzelnen sind das:

Strategie	Ausgangstext	Entsprechung
1. Ähnliche Begriffe suchen, die in einem bestimmten Kontext ohne Bedeutungsveränderung verwendet werden können.	Sie betritt das Zimmer. Das ist ein draufgängerischer Mann.	Ella entra en el cuarto. → Ella va a la habitación. Es un hombre lanzado. → Es un hombre audaz/rápido/decidido/resuelto/dinámico/osado..
2. Negierte Gegenteile (Antonyme) verwenden.	ein bescheidener Sänger ein langweiliger Film	un cantante modesto → no es arrogante/orgulloso/altivo una película aburrida → poco interesante/divertida
3. Ein Wort oder eine Äußerung in einem ganzen Satz erklären.	Ich suche eine Reinigung. Das ist ein Zugvogel.	Yo busco una tintorería. → Yo busco un lugar para hacer lavar mi ropa. És un ave migratoria. → Es un ave/pájaro que vuela a una región y en primavera o en otoño regresa.
4. Ein Wort mit Hilfe eines Oberbegriffs erklären.	eine Amsel Zimt und Ingwer	una mirla → una especie de pájaro la canela y el jengibre – especias/condimentos
5. Wörter aus derselben Wortfamilie verwenden.	eine schlaflose Nacht verkäuflich	una noche en vela → una noche durante la que uno no puede dormirbien vendible → una cosa que se puede vender
6. Sätze vereinfachen, ohne dass dabei der Sinn verloren geht.	Dem Tiger ist es gelungen, die Tür seines Käfigs zu öffnen, die drei Meter hohe Absperrung zu überwinden und aus seinem Gehege zu fliehen.	El tigre consiguió abrir la puerta de su jaula, saltarse las barreras de tres metros de altura y escaparse de su cercado. → El tigre se voló de su jaula.

Grundprinzipien der Sprachmittlung

Für den Einsatz der in diesem Heft vorgestellten Aufgaben gelten – ebenso wie für alle anderen Aufgaben zur Sprachmittlung – die folgenden Grundprinzipien:

Sinnvolle Integration der Mediation in die Unterrichtsthematik
Texte, die in keinem Zusammenhang zum Thema des Unterrichts stehen, sollten nicht als Vorlagen für Sprachmittlungsaufgaben herangezogen werden. Eine erfolgreiche Mediation setzt auf Seiten der Lernenden stets einen sicheren Umgang mit dem benötigten Wortschatz voraus. Daher ist darauf zu achten, dass Sprachmittlungsaufgaben thematisch zu zuvor bearbeiteten Texten passen.

Realitätsnahe Situation
Fremdsprachenunterricht findet immer in einem künstlichen Rahmen statt, dennoch sollten Unterrichtende auf einen thematischen Rahmen für Sprachmittlungsaufgaben achten, der sich durch eine große Realitätsnähe auszeichnet. Inhalt und Aufgabenstellung sollen sich an einer möglichst realen, authentischen Sprachmittlungssiutation orientieren, denn nur solche Aufgaben werden von den Lernenden ernst genommen und vermögen motivationsfördernd zu wirken.

Berücksichtigung der kommunikativen Ausrichtung der Mediation
Für die Schülerinnen und Schüler muss klar erkennbar sein, warum in einer gegebenen Situation eine Mediation notwendig ist und wer die beteiligten Kommunikationspartner sind. Damit die Sprachmittlung erfolgreich ist, bedarf es auf Seiten der Mediatorin bzw. des Mediators zudem eines Mindestmaßes an Informationen bezüglich der Kommunikationsziele der Gesprächspartner. Eine Grundregel in diesem Kontext lautet: Informationen sind nie an sich wichtig, sondern immer nur im Hinblick auf einen bestimmten Zweck oder Adressaten.

Authentische Textquellen
Unter „authentischen Textquellen" sind nicht-lehrintentionale Texte zu verstehen, d.h. Texte, die von Muttersprachlern für Muttersprachler produziert werden. Da es das Ziel ist, die Lernenden zu einer kompetenten Sprachverwendung in Alltagssituationen anzuleiten, sollte möglichst auf didaktisierte Materialien verzichtet werden. Die Schülerinnen und Schüler müssen den Umgang mit authentischer Sprache üben und Sicherheit darin gewinnen, um bei einer realen Begegnungssituation mit zu erwartenden Schwierigkeiten, etwa dem Vorkommen unbekannter Vokabeln, entsprechend umgehen zu können. Die Ausbildung der strategisch-kommunikativen Kompetenz spielt gerade in diesem Zusammenhang eine wichtige Rolle.

Präzise Aufgabenstellungen
Kommunikative Sprachmittlungsaufgaben sollten möglichst eindeutige Antworten evozieren. Eine formale Übereinstimmung zwischen Ausgangstext und Zieltext kann dabei keinesfalls ein anzustrebendes Ziel sein; vielmehr ist eine „Übertragungsleistung" gefordert, die sich hinsichtlich der Form an „Art, Umfang und Differenziertheit der zu übermittelnden Kommunikationsinhalte" (Hallet 2008, 7) orientiert. Die Aufgabenstellung gibt eindeutig an, wie selektiv oder global der

zu übertragende Text zu lesen ist. Gebauer/Kieweg (2008, 21) weisen zu Recht darauf hin, dass die zu sprachmittelnden Texte „auch Informationen enthalten [müssen], die für die Aufgabenstellung irrelevant sind, da man sonst das Dolmetschen [bzw. das Übersetzen], aber nicht das Sprachmitteln trainieren würde". In Bezug auf die Präzision der Aufgabenstellung ist zudem festzuhalten, dass für die Lernenden eindeutig erkennbar sein sollte, ob der Inhalt eines Textes mündlich oder schriftlich zu sprachmitteln ist. Zudem muss die geforderte Textsorte für die Lernenden klar zu erkennen sein.

Transparente Bewertungskriterien

Bei der Bewertung von Sprachmittlungsaufgaben empfiehlt sich grundsätzlich die Unterscheidung zwischen einer sprachlichen Ebene, „lengua", und einer kommunikativen Ebene, „contenido" – „estrategias". Grundsätzlich gilt auch hier, dass sich guter Unterricht unter anderem durch eine hohe Transparenz der Kriterien zur Bewertung und Beurteilung schulischer Leistungen auszeichnet. Da die Hauptleistung der Lernerinnen und Lerner auf der sprachlichen Ebene liegt, ist es ratsam, für den Bereich „Sprache" 6 Bewertungseinheiten (BE) anzusetzen und für den Bereich „Inhalt"/„Strategien" 4 BE. Bei der sprachlichen Umsetzung werden selbstverständlich nicht allein die Sprachrichtigkeit, sondern ebenfalls das Ausdrucksvermögen und die Vielfalt der verwendeten sprachlichen Mittel bewertet. Auf Grund der vergleichsweise starken Aufgabenlenkung ist im Bereich der Niveaustufen A1 und A2 des GeR eine deutlichere Akzentuierung der sprachlichen Leistung denkbar.

Sprachmittlung und Mehrsprachigkeit

Angesichts der Vielzahl mehrsprachiger Kommunikationssituationen, die unseren Alltag prägen und inzwischen ein Charakteristikum – nicht nur – europäischer Gesellschaften sind, sollten auch mehrsprachigkeitsdidaktische Ansätze in Aufgabenformaten zum sinngemäßen Übertragen einen festen Platz im Fremdsprachenunterricht einnehmen. Als Sprachmittlerin/Sprachmittler zwischen Sprecherinnen/Sprechern zweier Fremdsprachen aktiv zu werden, ist selbstverständlich ungleich anspruchsvoller, als zwischen Sprecherinnen/Sprechern einer Fremdsprache und der eigenen Muttersprache zu vermitteln. Da im Sprachmittlungsprozess neben der fremdsprachigen Text*rezeption* auch die fremdsprachige Text*produktion* eine bedeutende Rolle spielt, sind Situationen, in denen zwischen Sprecherinnen/Sprechern verschiedener Fremdsprachen vermittelt werden muss, vor allem unter dem Aspekt der Ausbildung einer *produktiven* Mehrsprachigkeit von Relevanz. Für den Spanischunterricht bieten sich in erster Linie Aufgaben in Verbindung mit a) dem Englischen und b) einer romanischen Sprache an. Denkbar wären im hispanophonen Ausland angesiedelte Sprachkontaktsituationen, in denen die Lernerinnen und Lerner beispielsweise zwischen einem ausschließlich Spanisch sprechenden Verkäufer und einer Englisch sprechenden Touristin, die über keine Fremdsprachenkenntnisse verfügt, vermitteln.

Insbesondere für den Unterricht einer in der Mittel- oder Oberstufe einsetzenden Fremdsprache, der auf Sprachwissen und Sprachlernerfahrungen aus dem Unterricht (mindestens) zweier weiterer Fremdsprachen zurückgreifen kann, bietet sich die Arbeit mit Texten in den Schwestersprachen des Spanischen, etwa dem

Italienischen, dem Katalanischen oder dem Portugiesischen, an. Auf Grund der zahlreichen lexikalischen und syntaktischen Parallelen innerhalb der Romania können Lernende des Spanischen mit Hilfe der Interkomprehensionsdidaktik eine Vielzahl romanischsprachiger Texte zumindest in Teilen verstehen. Zwei Aufgaben, die interkomprehensives Arbeiten mit dem sinngemäßen Übertragen von Informationen verknüpfen, finden sich – am Beispiel je eines katalanischen und portugiesischen Textes – in diesem Heft (Teil C). Wir möchten Lehrende dazu ermutigen, mehrsprachige Sprachmittlungsaufgaben als eine sinnvolle Bereicherung des Spanischunterrichts zu betrachten, denn wir sind davon überzeugt, dass die gelegentliche Beschäftigung mit einem englischen oder romanischsprachigen Text dem Spanischunterricht nicht schadet, sondern vielmehr eine Bereicherung für alle Sprachen sowie die Entwicklung des Sprachenlernbewusstseins darstellt.

Bibliografie

- Europarat/Rat für kulturelle Zusammenarbeit (ed.). 2001. *Gemeinsamer europäischer Referenzrahmen für Sprachen: Lernen, lehren, beurteilen.* Übers. von Jürgen Quetz et al. Berlin: Langenscheidt.
- Gebauer, Stephanie/Kieweg, Werner. 2008. „‚Frag ihn bitte mal für mich ob, …'. Sprachmittlungsaufgaben erstellen und bewerten", in: *Der fremdsprachliche Unterricht Englisch* 42, H. 93, 20–27.
- Hallet, Wolfgang. 2008. „Zwischen Sprachen und Kulturen vermitteln. Interlinguale Kommunikation als Aufgabe", in: *Der fremdsprachliche Unterricht Englisch* 42, H. 93, 2–7.
- Kultusministerkonferenz (2004): *Bildungsstandards für die erste Fremdsprache (Englisch/Französisch) für den Mittleren Schulabschluss.* Beschluss der Kultusministerkonferenz vom 4.12.2003. http://www.kmk.org/fileadmin/veroeffentlichungen_beschluesse/2003/2003_12_04-BS-erste-Fremdsprache.pdf (16.7.2013).
- Kultusministerkonferenz. 2012. *Bildungsstandards für die fortgeführte Fremdsprache (Englisch/Französisch) für die Allgemeine* Hochschulreife. Beschluss der Kultusministerkonferenz vom 18.10.2012. http://www.kmk.org/fileadmin/veroeffentlichungen_beschluesse/2012/2012_10_18-Bildungsstandards-Fortgef-FS-Abi.pdf (16.7.2013).
- Rössler, Andrea. 2008. „Die sechste Fertigkeit? Zum didaktischen Potenzial von Sprachmittlungsaufgaben im Französischunterricht", in: *Zeitschrift für Romanische Sprachen und ihre Didaktik* 2, H. 1, 53–77.
- Rössler, Andrea. 2009a. „Strategisch sprachmitteln im Spanischunterricht", in: *Fremdsprachen Lehren und Lernen* 38, 158–174.
- Rössler, Andrea. 2009b. „Sprache und interkulturelle Kommunikation im modernen Fremdsprachenunterricht", in: Klaeger, Sabine/Thörle, Britta (edd.): *Sprache(n), Identität, Gesellschaft. Eine Festschrift für Christine Bierbach.* Stuttgart: Ibidem, 177–187.

Un verano en España (ES > D + D > ES)

Material

Red Española de Albergues Juveniles

Albergue Inturjoven Málaga
Dirección:
Plaza Pio XII, n 6, 29007 Málaga
Información y reservas: 902510000
Recepción: abierto 24h
Albergue: abierta 24h
Comedor: desayuno: 8:30h a 10:00h
almuerzo: 14:00h a 15:00h
cena: 20:30h a 21:30h

El Albergue Inturjoven Málaga es un moderno edificio, muy luminoso, ubicado en el casco urbano, bien comunicado con el centro. Una parada de autobús en la misma puerta del albergue lo conecta con otros puntos de la ciudad, así que ¡lo tienes muy fácil para moverte! Además, al estar junto a la Ciudad Deportiva Carranque, es ideal para el alojamiento de clubes y equipos deportivos.

Vista del puerto de Málaga

Alojamiento, diversión y mucho más. El Albergue Inturjoven Málaga tiene preparadas actividades para todos los gustos.
Museo Picasso. Una ilustrativa experiencia con la vistia al Museo Picasso de Málaga que cuenta con una amplia colección permanente y exposiciones temporales.
Visita guiada. Un paseo guiado por las leyendas e historia de Málaga.
Paseo en barco. Un paseo en barco para el avisamiento de delfines y, cuando se permita, baño en alta mar incluido.
Selwo Marina. Disfrutarás de espectáculos en su delfinario, exposiciones de aves exóticas, zona de juegos infantiles, la isla de hielo con pingüinos y los acuarios de especies animales del río Amazonas.

© REAJ www.reaj.com

Consigue tu carné. Reconocido internacionalmente y válido para utilizar en todos los albergues nacionales e internacionales. Es requisito indispensable para utilizar los Albergues de Reaj.
¿Quién puede hacerse el carné? Cualquier persona, ya sea en la categoría joven (menor de 30 años), adulto (30 y más años), familia o grupo.
¿Dónde se puede conseguir? Los carnés se expenden en Puntos de Información Juvenil y en albergues. Busca la dirección aquí.
El carné de alberguista. Reconocido internacionalmente y válido en todos los albergues nacionales e internacionales. Existen seis categorías diferentes.

La Malagueta, Plaza de Toros de Málaga

Tipo de Carné	Para	Tienes que traer	Precio
Joven < 26	Jóvenes de 14 a 25 años	DNI o Pasaporte	6 €
Joven > 26	Jóvenes de 26 a 29 años	DNI o Pasaporte	6 €
Adulto	Mayores de 30 años	DNI o Pasaporte	13 €
Grupo	Número mínimo 10 pers.		16 €
Familiares	Matrimonio e hijos	Libreta de familia	25 €

Validez: Todos los carnés tienen la validez de un año desde la fecha en que se emiten. **Reglamento:** En general los albergues cierran hacia las 23.00h y es necesario respetar el descanso nocturno hasta las 7h.

A Textaufgaben zur Sprachmittlung

Aufgaben

Niveau A1 – schriftlich (ES > D)

Deine Eltern sind auf der Suche nach einer günstigen Unterkunft in Spanien für die Sommerferien. Da du der/die Einzige in der Familie bist, der/die etwas Spanisch spricht, bitten sie dich, im Internet Informationen über die Jugendherberge in Malaga zu suchen und ihnen folgende Fragen zu beantworten:

- *Kann man als Familie in der Jugendherberge übernachten?*
- *Mit welchen öffentlichen Verkehrsmitteln kann man die Jugendherberge am besten erreichen?*
- *Bis wieviel Uhr können wir noch einchecken?*
- *Was kann man in Malaga und in der Umgebung besuchen?*

Da dein Vater derzeit beruflich unterwegs ist, will deine Mutter, dass du ihm alle Infos zusammenfasst, damit sie mit ihm über den Urlaub sprechen kann, wenn er zurück kommt. Schreibe eine Mail auf Deutsch.

Nivel A2 – oral (ES > D)

Tu equipo deportivo quiere hacer un viaje de una semana a España en las vacaciones de Pascua. Como eres el/la único/a que sabe un poco de español, tu entrenador/a te pide que busques un lugar donde quedarse que no sea tan caro. En Internet encuentras la página de un albergue juvenil. Mientras tú miras la página, tus compañeros/as y tu entrenador/a te hacen muchas preguntas:

- *Brauchen wir einen Mitgliedsausweis für Jugendherbergen?*
- *Und wo können wir einen erhalten, falls wir ihn brauchen?*
- *Welche Dokumente brauchen wir, um einen Ausweis zu beantragen?*
- *Gibt es auch einen Gruppentarif und wie viele müssen in der Gruppe sein?*
- *Kann man in der Nähe der Jugendherberge in Malaga auch Sport machen?*
- *Und wie kommen wir überhaupt hin zur Jugendherberge?*

Representad la situación en pareja.

Nivel B1 – escrito (D > ES)

Tu equipo deportivo decide ir una semana a Málaga. Como el Albergue Inturjoven no es muy caro y está cerca del centro deportivo, tu entrenador/a te pide que les envíes un correo electrónico para preguntar lo que no está en la página web.

> Könntest du bitte eine E-Mail an die Jugendherberge schreiben und Folgendes fragen: Brauchen wir zusätzlich einen spanischen Jugendherbergsausweis, wenn wir schon einen deutschen haben? Wäre es möglich, für jeden Vormittag den Sportplatz im Voraus zu reservieren? Würde das extra kosten? Und wenn ja, wie viel? Gibt es auch Sportverpflegung, wie z. B. frisches Obst oder isotonische Getränke? Am Tag vor unserer Abreise würden wir gerne eine große Feier machen, ginge das?
>
> Und noch was: Frag bitte nach, ob wir nachmittags einige geführte Ausflüge in der Nähe machen könnten.

Strategie:
Achte besonders darauf, dir unbekannte Wörter ohne das Wörterbuch zu erschließen. Bei Unsicherheiten kannst du deine Lehrkraft fragen.

Beispiele:
Vielleicht kennst du das französische Wort *auberge*? Richtig, das spanische *albergue* bedeutet *(Jugend)Herberge*.

Escríbele un mail en español al Albergue Inturjoven Málaga y pregunta todo lo que tu entrenador/a quiere saber.

Das Oktoberfest in München (D > ES)

Material

Oktoberfest

Das Oktoberfest oder die Wiesn, wie es auf Bayrisch genannt wird, ist das größte Volksfest der Welt.
Seit 1810 findet es jedes Jahr in München auf der Theresienwiese statt. Das Oktoberfest zählt ca. sechs Millionen Besucher aus der ganzen Welt.
Das erste Mal fand es am 17. Oktober 1810 statt, fünf Tage nach der Hochzeit von Ludwig von Bayern und Prinzessin Therese Sachsen-Hildburghausen, um das Brautpaar mit einem großen Pferderennen zu feiern.

Öffnungszeiten:
Wegen des kalten Wetters im Oktober wird das Oktoberfest seit 1872 schon im September gefeiert. Das Fest dauert insgesamt 16 bis 18 Tage.
Eröffnung: am Samstag nach dem 15. September um 12.00 Uhr
Ende: erster Sonntag im Oktober um 23.30 Uhr (ist der 1. oder 2. Oktober ein Sonntag, wird das Fest bis zum 3. Oktober verlängert, dem Tag der Deutschen Einheit)
Öffnungszeiten: Montag bis Freitag von 10.00 bis 23.30 Uhr, am Wochenende und an Feiertagen sogar ab 9.00 Uhr

Attraktionen
Auf 42 Hektar gibt es ca. 80 Fahrgeschäfte und ca. 150 Schaustellerbetriebe, 14 große und eine Menge an kleinen und mittelgroßen Festzelten, wo rund 60.000 Hektoliter Bier und 500.000 Brathendl verkauft werden. Dort wird gegessen, getrunken, gesungen und getanzt.

Preise
Der Eintritt zu allen Bierzelten ist frei. Das Essen, die Getränken, die Fahrgeschäfte und Schaustellerdarbietungen muss man bezahlen.

Was ziehe ich an?
Mitte September stellt sich für viele die Frage: Was ziehe ich auf der Wiesn an?
Die Mädels sollten sich unbedingt ein Dirndl zulegen und für die Jungs gibt es nur die Lederhosen-Variante. Wer sich aber keine Tracht kauften will, der kann auch so, wie er/sie gerade angezogen ist, zur Wiesn gehen.

Wie komme ich hin?
Das Oktoberfest findet in Münchens Innenstadt statt, auf der Theresienwiese.
Da es kaum Parkmöglichkeiten gibt, benutzen zwei Drittel aller Wiesnbesucher die öffentlichen Verkehrsmittel.
S-Bahnen: S 1 bis S 8 bis zur Hackerbrücke oder S 7, S 20 und S 27 bis Heimeranplatz.
U-Bahnen: U 3 oder U 6 bis Goetheplatz und Poccistraße, U 4 oder U 5 bis Theresienwiese oder Schwanthalerhöhe
Tickets für die Fahrten gibt es an den blauen Kartenautomaten.
Unbedingt die Karten an einem der Entwerter stempeln!

Weitere Informationen: www.oktoberfest.de

Riesenrad auf dem Oktoberfest

Aufgaben

Niveau A1 – mündlich (D > ES)
Ihr seid zusammen mit euren spanischen Austauschschülern auf dem Oktoberfest. Eine/r von ihnen will wissen, was auf dem Foto (rechts) abgebildet ist. Erkläre ihm/ihr, was dort zu sehen ist. Spielt den Dialog zu zweit und auf Spanisch.

Grüße vom Oktoberfest

Nivel A2 – escrito (D > ES)
Muy pronto tendrás visita de tu estudiante de intercambio español/a. Él/ella ha oído hablar de la muy famosa Fiesta de la Cerveza de Múnich y quiere ir allá. Debido a que no sabe qué ponerse te hace algunas preguntas por escrito:
- *¿Cuándo tiene lugar la fiesta y cuánto tiempo dura?*
- *¿Qué se puede hacer en esa fiesta?*
- *¿Qué me pongo para ir allá?*

Tú has encontrado un sitio en Internet con mucha información sobre la fiesta, pero claro que está en alemán. Responde a las preguntas de tu estudiante de intercambio. Jugad en parejas haciendo un chat en español sobre papel.

Nivel A2 – escrito (D > ES)
En tu clase de español ya todos estáis preparando la visita de vuestros estudiantes españoles de intercambio. Cada uno de vosotros tenéis que traer una idea de alguna actividad a clase y presentarla en español y por escrito. Tu profesor/a va a enviar todas estas ideas a España para que los estudiantes y su profesor/a decidan lo que quieren hacer durante su estadía.
Tú has encontrado esta ficha de información sobre el «Oktoberfest». Escribe un resumen en español incluyendo los puntos siguientes :
- *Nombre del lugar a visitar*
- *Horas de visita y precio de la entrada*
- *Cómo llegar a ese sitio*
- *Dos razones para ir a ese sitio*

Nivel A2 – oral (D > ES)
Vuestros estudiantes de intercambio de España ya han llegado y hay un/a chico/a que te parece muy simpático/a. Invítalo/a la Fiesta de la Cerveza sobre la que has encontrado mucha información en Internet.
Él/Ella quiere saber a dónde, cuándo y por qué quieres ir allá con él/ella. Él/ella no sabe qué ponerse. Resume la información que has leído en el artículo para él/ella. Debido a que él/ella sabe muy poco alemán habláis en español.
Representad la situación en parejas.

Nivel B1 – escrito (D > ES)
En clase de español estáis hablando de fiestas y costumbres alemanas conocidas en todo el mundo para contarle a los estudiantes de intercambio que pronto van a llegar. Tú vas a presentar la Fiesta de la Cerveza de Múnich.
En Internet has encontrado un sitio con mucha información que te sirve de base. Escribe un resumen en español.

La piñata y su tradición (ES > D + D > ES)

Material

Las piñatas empiezan a conocerse también en Alemania

Una niña tratando de romper una piñata

¿Qué es?

La piñata es una figura hecha de papel periódico con cola que se pinta con muchos colores y que se decora al gusto de cada cual. Se rellena normalmente con dulces, bombones, confeti y hasta pequeños juguetes. Es conocida en todo Latinoamérica, sin embargo es en México donde más difundida está. La piñata no puede faltar en una fiesta de cumpleaños, generalmente, en forma de cualquier personaje de la televisión, del cine o de cuento, también pueden ser de un tema deportivo según la fiesta. Es así que las piñatas pueden tener forma de alguno de los famosos superhéroes, de balón de fútbol, de princesa o de alguno de los personajes animados que estén de moda.

En algunos países de Centroamérica y México la forma sigue siendo la tradicional, es decir que tienen la forma de una esfera redonda con siete puntas que representan los siete pecados capitales.

¿Cómo se juega?

Cuando por fin está lista y rellena se cuelga con una cuerda de algún lugar que no sea ni muy alto ni muy bajo, como la rama de un árbol, un balcon o simplemente el techo de la casa. Lo mejor sería tener la posiblidad de subir y bajar la piñata para que no la golpeen con tanta rapidez. Hay que tener en cuenta que el lugar sea lo suficientemente grande para que los niños no vayan a quebrar nada. En este momento ya se puede llamar a los niños al lugar donde está la piñata. Al niño, que quiere tratar de romper la piñata, se le tapan los ojos y se le da un palo de madera. Antes de empezar se le dan 2 ó 3 vueltas para que pierda un poco la orientación. Apenas empieza a golpear con el palo, los otros niños le gritan "caliente" o "frío", dependiendo de si está cerca o lejos. Cuando, por fin, un niño logra romperla cae una lluvia de juguetes, confetis y dulces que todos los otros tienen que tratar de recoger.

¿Cómo se hace?

Materiales: un globo, papel de periódico, pegamento blanco, tijeras, temperas de colores y agua.

Infla el globo y haz un nudo para que no se escape el aire. Haz tiras con las hojas del periódico. Mezcla la cola blanca y el agua en partes iguales en un recipiente. Pega las tiras de periódico sobre el globo. Pon 3 ó 4 capas de tiras. Espera 2 ó 3 días para que se seque la cola blanca. Cuando esté seco, coge unas tijeras y haz una obertura en uno de los lados del globo. Por ahí vas a meter los dulces, confetis y juguetes. Ahora pinta tu piñata y decórala. Déjala secar unas horas. Solo te falta rellenarla con caramelos, atarla un hilo y colgarla.

Más información: www.eltallerdepinatas.com

Aufgaben

Nivel A2 – escrito (ES > D)

Tu hermano/a quiere hacer una piñata para su cumpleaños. Él/Ella ya ha visto fotos de algunas piñatas, pero no sabe muy bien cómo hacerla. Tú no tienes tiempo para ayudarle, pero tu mamá sí. Como no saben español, tú les escribes lo que tienen que hacer y qué material necesitan.

Nivel A2 – oral (ES > D)

Tu hermano/a quiere hacer una piñata para su cumpleaños. Él/Ella ya ha visto fotos de algunas piñatas, pero no sabe muy bien cómo hacerla. Ayúdale diciéndole lo que tiene que hacer. Para él/ella algunas cosas no están muy claras y te hace muchas preguntas. Representad la situación en pareja.

Niveau B2 – mündlich (ES > D)

Heute ist der Geburtstag deines/r Bruders/Schwester. Zu diesem Anlass hast du ihm/ihr eine „piñata" gebastelt. Keiner der Gäste hat jemals eine „piñata" gesehen, daher wollen alle wissen, was das ist, wo die „piñata" ursprünglich herkommt, was man damit macht.
Im Internet hast du alles darüber gelesen, aber nur auf Spanisch. Erzähle den Gästen alles, was du darüber weißt auf Deutsch. Spielt die Situation zu dritt oder viert.

Niveau B2 – schriftlich (D > ES)

Während eines Aufenthalts bei Ihrem/r lateinamerikanischen Freund/in haben Sie eine „piñata" miterlebt. Ihnen fiel auf, dass das „Topfschlagen" der „piñata" sehr ähnlich ist. Zurück in Deutschland recherchieren Sie im Internet und lesen folgenden Artikel. Schreiben Sie Ihrem/r Freund/in eine E-Mail, in der Sie den Inhalt des Artikels auf Spanisch zusammenfassen.

Topfschlagen ist ein Kinderspiel. Es wird vorwiegend auf Geburtstagsfeiern von Kleinkindern gespielt. Hierbei werden einem Kind die Augen zugebunden, so dass es nichts mehr sehen kann. Anschließend wird ihm ein Kochlöffel in die Hand gegeben und es wird von einem anderen Kind im Kreis gedreht, um es zu verwirren. Gleichzeitig stellt ein anderes Kind einen umgedrehten Topf, unter dem sich meistens etwas Süßes oder ein Geschenk befindet, irgendwo im Raum auf. Ein weiterer Spieler klopft dabei anfangs auf den Topf und weist so dem Spieler mit den verbundenen Augen die Richtung, in welcher der Topf steht. Der Topf darf während der Suche nicht verschoben werden.
Das Kind mit den verbundenen Augen muss nun im Krabbelgang den Topf finden, indem es mit dem Kochlöffel immerzu vor sich auf den Boden schlägt. Dabei geben die anderen Kinder durch Rufen von „warm" und „kalt" Hinweise, ob sich das suchende Kind dem Topf nähert oder sich von ihm entfernt. Sobald es den Topf gefunden hat und darauf haut, darf es das Tuch von den Augen nehmen und die Süßigkeiten essen. [...]
Das Spiel war ursprünglich eine Kirmesunterhaltung. Unter einem Steinguttopf befand sich dabei ein lebender Hahn. Wer mit verbundenen Augen den Topf zerschlagen konnte, hatte gewonnen und bekam den Hahn (vgl. Hahnenschlagen). Ähnlichkeit zum Topfschlagen weist das international bekannte Piñata auf, bei dem anstelle eines Topfes eine von der Decke hängende Pappfigur verwendet wird.

http://de.wikipedia.org/wiki/Topfschlagen (gekürzt)

4 Das Horoskop der Woche (D > ES)

Material

Strategie:
Achte darauf, Redewendungen keinesfalls wörtlich zu übersetzen! Manche Wendungen ähneln sich zwar im Deutschen und Spanischen (z. B. auf Wolke sieben – estar en el séptimo cielo), andere hingegen haben keine Entsprechung in der jeweils anderen Sprache (z. B. consultar con la almohada).

Jungfrau

24. August – 23. September

LOVE FÜR PARTNER

Feste Regeln und Gewohnheiten sind eigentlich nicht dein Ding – du brauchst deine Freiheiten. Aber diese Woche läuft alles perfekt! Deine Beziehung ist so eng wie noch nie zuvor.
Doch vergiss nicht: Du musst nicht immer nur geben. Liebe bedeutet „Geben und Nehmen",. Beide Seiten sollten ausgeglichen sein. Also lass dich auch mal verwöhnen! Und wenn dein Schatz nicht von alleine drauf kommt – ein Wink mit dem Zaunpfahl wirkt manchmal Wunder!
Alles in allem also eine gute Woche, um Zukunftspläne zu schmieden!

LOVE FÜR SINGLES

Du flirtest gern mit allen, aber Vorsicht: Diese Woche wirst du jemandem Besonderen begegnen – halt also die Augen ganz weit offen!
Ganz wichtig dabei: Denk an die inneren Werte! Denn schließlich suchst du etwas Dauerhaftes. Also vergiss nicht: Schönheit vergeht...Charakter besteht.

FRIENDS & FEELING

Fühlst du dich manchmal sehr einsam und allein? Diese Woche sicher nicht, denn du hast sehr nette, gute Freunde, die sich besonders um dich kümmern werden.
Aber Achtung: Du darfst nicht abwarten, bis alle zu dir kommen. Den ersten Schritt solltest auch mal du machen!
Ruf deine Freunde diese Woche einfach an. Frag sie, ob sie etwas mit dir unternehmen wollen. Mach ihnen auch mal ein Geschenk oder lade sie zu dir ein!

SCHOOL & CASH

Wenn du nicht leichtsinnig wirst, kannst du diese Woche wichtige Noten verbessern! Trotz Prüfungsstress und Hektik lohnt es sich, das zu versuchen. Danach wirst du sehen, wie schnell du Pluspunkte kassierst. Und Probleme mit einem/r Lehrer/in werden sich von ganz alleine in Luft auflösen.
Achtung: Gib in dieser Woche nicht so viel Geld aus. Sparen sollte kein Fremdwort für dich sein!

Aufgaben

Niveau A1 – schriftlich (D > ES)

Dein kolumbianischer Cousin Luis liebt Horoskope und will unbedingt wissen, was ihn in Deutschland erwartet, wenn er euch nächste Woche besucht. Leider lernst du erst seit ein paar Monaten Spanisch. Schreibe ihm eine kurze Mail auf Spanisch und fasse zusammen, wie die Sterne für ihn stehen. Er interessiert sich vor allem für die Vorhersagen im Bereich Liebe.

Nivel A2/B1 – escrito y oral (D > ES)

A tu amigo/a y a ti os encanta el horóscopo y ambos/as sois virgo. Queréis saber si lo que dicen los horóscopos en una semana en diferentes idiomas es lo mismo o no. Tú lees el horóscopo en español y en alemán. En qué coinciden y en qué no. Escríbelo en un papel para contárselo después a tu amigo/a que no sabe español.

> **Virgo** 24/08 – 23/09
> **Amor:** Últimamente no te llevas muy bien con tu pareja. Vale la pena que os deis otra oportunidad. Si no tienes pareja, esta va a ser la semana perfecta para conocer al amor de tu vida. ¡No l@ dejes pasar!
> **Casa:** Parece que en tu casa todos están muy ocupados y no se dan cuenta ni de que tú estás ahí. Pero no te sientas sol@, busca a tus amigos/as, llámalos/las y aprovecha que tus padres no están para organizar una fiesta en casa. No pienses en el dinero. Es mejor tener amigos/as que dinero.
> **Clase:** Cada vez tienes más responsabilidades. Es un buen momento para pensar en tu futuro. Tus notas son excelentes, como siempre. ¡Ayuda a tus compañeros/as!

Luis aus Kolumbien

Nivel B1 – oral (D > ES)

*Ángel, tu compañero de intercambio español, está pasando una semana en tu casa. Él no se interesa por los horóscopos, ni siquiera sabe cuál es su signo zodiacal. Su cumpleaños es el 31 de agosto. Él ve que en tu casa toda la familia lee el horóscopo... y poco a poco le comienza a interesar. Ángel encuentra un horóscopo alemán en la tabla y trata de leerlo él mismo, pero lo único que comprende son los títulos en inglés. Él te pide que le cuentes en español lo que pone su horóscopo para virgo.
Haced un diálogo en parejas.*

Niveau B1 – schriftlich (D > ES)

A Ángela, tu compañera de intercambio español, le encanta leer su horóscopo. Te manda el siguiente mail:

> ¡Hola!
> Me acuerdo que me contaste que te encantaba leer el horóscopo y que conocías una página genial en Internet. Además, si mal no recuerdo, los/las dos somos virgo, ¿no?
> ¿Podrías enviarme mi horóscopo para esta semana?
> Me encantaría saber si el horóscopo alemán dice lo mismo que el que yo leo normalmente en español. Yo ya traté de leer uno en alemán, pero no entendí ni pio. Si me lo podrías resumir y enviar ¡sería súper guay! Suerte, Ángela

Como tú ya has leído tu horóscopo, se lo resumes en español y se lo mandas a Ángela en un correo.

SKA-P: «Se acabó» (ES > D)

Material

SKA-P durante uno de sus conciertos

Recuerda:
Los grupos de música –así como todo ser humano– tienen una visión subjetiva del mundo. De igual forma este grupo de música ska y sus canciones ofrecen puntos de vista que nosotros, el público, tenemos que indagar de manera crítica.

SKA-P (pronunciado escape) es un grupo español de ska punk formado en Vallecas (Madrid) en 1994. Sus canciones se caracterizan por su inconformismo, cuyas letras son una crítica al capitalismo, al nacionalsocialismo, al fascismo, al sionismo, al imperialismo, al racismo, y al especismo y un respaldo a los derechos humanos y a los de los animales, al ecologismo, al anarquismo y al anarcosindicalismo.
Su canción «Cannabis», reivindicando y apoyando la legalización de la marihuana, fue su trampolín para conseguir popularidad en España y Sudamérica. En los últimos años ha actuado en diversos festivales multiculturales y alternativos de Europa.

http://es.wikipedia.org/wiki/Ska-P

1994 SKA-P nace como grupo en 1994. Es formado por un grupo de cinco amigos de Vallecas, Navarra y Euskadi.

1995 En aquella época todos trabajaban y por las noches a ensayar al local. En algunos casos es muy difícil llevar las dos cosas, los gastos que origina el tocar en un grupo, sin recibir nada o casi nada a cambio, y atender a tu familia.

1997–1999 SKA-P gira por todo el país tocando en todas las fiestas durante los años 97 a 99. Hacen una pequeña gira por Francia, donde se encuentran con una multitud de franceses en todos sus conciertos, que se saben todas las canciones de la Banda.

2000 Sacan un nuevo CD llamado *Planeta Eskoria*, donde se hacen un poco más serios, dentro de lo que cabe, en una banda como SKA-P donde el humor y la ironía tienen un sitio importante junto a la protesta más directa.

2004 Sale su nuevo CD en directo llamado *INCONTROLABLE*, que además de contar con 16 canciones grabadas en directo por toda Europa, le acompaña un DVD con 13 temas grabados en Nyon (Suiza) y París (Francia). Además se incorporan todos los Video Clips de la banda e imagenes del grupo en la última gira.

2005 Un año muy, muy feo para SKA-P. Año en el que han decidido parar. ¿Será algo definitivo? Sinceramente, no lo sabían, pero necesitaron parar. ¡Hasta siempre!

2008 Año de reunion de SKA-P y nuevo CD *Lagrimas y gozos*..., todo volvió a ser igual e incluso ampliaron fronteras visitando Rusia y Polonia por primera vez, volvieron a girar por Europa y Latinoamerica.

2013 Sale el último CD con el título *99%*.

Más información: www.ska-p.com/historia

Aufgaben

Niveau A1 – schriftlich (ES > D)
Dir gefällt spanische Musik sehr und du hast im Internet auch etwas zu SKA-P gefunden – leider auf Spanisch. Dort ist dir aber auch noch folgende deutsche Frage aufgefallen:

Ich find den Song „Se acabó" von SKA-P ja voll genial, aber ich versteh kein Wort ☹ Kann mir irgendwer sagen, um was es da überhaupt geht?
Wär echt super…   Toroherz

Hör dir den Song „Se acabó" an und schreibe kurz auf Deutsch zurück, wovon der Song handelt.

B Rollenkarten zur Sprachmittlung

1 ¡Qué guapo/a! — A1

A

Tú eres español/a y un/a amigo/a tuyo/a tiene visita en su casa de un/a amigo/a alemán/alemana. A ti te encanta… Pero el problema es que tú no sabes nada de alemán. Tu amigo/a español/a va a ayudar. Tú tienes que presentarte y lógicamente aceptar cualquier invitación.

B

Tú eres español/a. Tu compañero/a de intercambio alemán/alemana está de visita en tu casa. Para que conozca más gente, has invitado a tu mejor amigo/a español/a a cenar. Parece que los dos se caen muy bien, pero como no saben decir mucho en la lengua del otro/de la otra, te piden que les ayudes a presentarse.

C

Du bist gerade auf Besuch bei deinem/r Austauschpartner/in in Madrid. Er/Sie hat für heute eine/n seiner/ihrer Freunde/Freundinnen zum Essen eingeladen. Du findest den Gast sehr sympathisch und würdest ihn/sie gerne besser kennenlernen. Leider lernst du noch nicht so lange Spanisch. Deshalb bittest du deine/n Tauschpartner/in, für dich zu mitteln, denn du würdest gerne mit dem Gast ausgehen …

2 En la cola — A1

A

Tú eres cubano/a y estás haciendo un viaje por Europa. Por el momento estás en Berlín y quieres visitar un museo. Desgraciadamente, no hablas nada de alemán. Estás haciendo la cola delante del museo y por suerte escuchas hablar español a una persona que también hace cola. Pídele ayuda.
Quieres comprar una entrada para estudiantes, barata. Finalmente, no puedes entrar porque la entrada resulta demasiado cara.

B

Tú eres alemán/alemana y vives en Berlín. Esta tarde tienes cita con algunos compañeros de clase de español para ir a un museo. Para acortar el tiempo de espera comenzáis a preguntaros vocabulario para el próximo examen.
Un/a cubano/a que no habla alemán te pide que le ayudes a comprar las entradas.

C

Du arbeitest am Schalter eines Museums in Berlin. Du bist Deutsche/r und sprichst kein Spanisch.
Als ein/e spanischsprachige/r Besucher/in an den Schalter tritt und dir Fragen stellt, kannst du ihm/ihr deshalb nicht helfen. Aber er/sie hat eine/n andere/n Besucher/in aus der Schlange als Mittler/in dabei. (Die gewünschten Eintrittskarten gibt es nicht, nur Eintrittskarten zum Normalpreis, die mit 25 € auch ziemlich teuer sind).

3 ¿Qué comemos? — A1

A

Tú eres colombiano/a y estás con tu amigo/a peruano/a y su amigo/a alemán/alemana en un restaurante típico alemán. Tú eres vegano/a, es decir que no comes nada que provenga de animales, tienes hambre y no tienes idea de lo que hay en ese restaurante. Pídeles ayuda a los otros.

B

Tú eres peruano/a y hablas bien alemán. Estás con tu amigo/a alemán/alemana (que no habla español) y tu huésped de Colombia en un restaurante típico alemán.
Tu huésped no habla alemán, pero tiene muchísima hambre y quiere pedir ya mismo. Ayúdale. Tú no conoces bien los platos alemanes, pero haces de mediador entre tu amigo/a alemán/alemana (que sí los conoce) y tu huésped.

C

Du bist mit einem/r peruanischen Freund/in und seinem/ihrem kolumbianischen Gast in einem typisch deutschen Restaurant. Der/Die Kolumbianer/in kann kein Deutsch, hat aber Hunger und will schnell bestellen. Dein/e peruanische/r Freund/in kann ziemlich gut Deutsch sprechen, er/sie kennt aber die Gerichte nicht. Erkläre ihm/ihr die Gerichte auf Deutsch.

B Rollenkarten zur Sprachmittlung 4–6

4 Animales domésticos — A1

A

Estás en el jardín de la casa de tu compañero/a de intercambio. Los vecinos están con sus dos perros y su gato también. Ellos te hablan de sus animales, pero no entiendes casi nada. A ti te encantan los animales, pero, lamentablemente, nunca has tenido ninguno en casa. Tú quieres saber todo lo que te dicen y quieres preguntar muchas cosas. En ese momento llega tu compañero/a de intercambio y le pides ayuda.

4 Animales domésticos — A1

B

Tú eres alemán/alemana. Tu compañero/a de intercambio está en el jardín tratando de conversar con tus vecinos alemanes. Ellos le están contando cosas de sus dos perros y de su gato, pero no hablan español. Por eso la comunicación es poco satisfactoria.
Ayuda a tu compañero/a a preguntar lo que quiere saber y a comprender todo lo que los vecinos le cuentan.

4 Animales domésticos — A1

C

Du bist gerade zusammen mit deinem/r Bruder/Schwester, euren zwei Hunden und der Katze im Garten eures Hauses. Im Garten eures/r Nachbarn/in seht ihr den/die spanische/n Austauschschüler/in, der/die auf euch zukommt. Leider versteht ihr kein Spanisch, ihr merkt aber, dass er/sie großes Interesse an euren Tieren hat. In diesem Moment kommt euer/eure Nachbar/in hinzu und ihr bittet ihn/sie, für euch zu mitteln.

5 La foto de tu familia — A1

A

Tú eres español/a y estás de intercambio en Alemania. Tienes fotos de tu familia y quieres contarles a la familia de tu compañero/a de intercambio quiénes son, qué hacen, su edad y tu relación con ellos. Ellos no entienden muy bien lo que tú les cuentas, por eso tu compañero/a de intercambio os sirve de mediador/a.

5 La foto de tu familia — A1

B

Tú eres alemán/alemana y tienes visita de tu compañero/a de intercambio. Él/Ella tiene fotos de su familia y quiere mostrárselas a tu familia.
Desgraciadamente, tus padres no hablan español y por eso no entienden muy bien lo que él/ella les cuenta. Por eso tú les sirves de mediador/a.

5 La foto de tu familia — A1

C

Der/Die Austauschschüler/in eures Sohnes/eurer Tochter will euch Fotos von ihrer/seiner Familie zeigen. Ihr versteht leider nicht alles, was sie/er euch sagen will, aber euer Sohn/eure Tochter mittelt für euch.
Stellt Fragen zu den Fotos: wer auf dem Foto zu sehen ist, wo es aufgenommen wurde etc.

6 La visita — A2

A

Vuestro/a hija/o está en Alemania de intercambio para un año y lo/la visitáis. Vosotros solo habláis español. Y los padres del intercambio solo hablan alemán. El/La compañero/a de intercambio de vuestro/a hijo/a os va a servir de mediador/a para comunicaros. Presentaros: nombre, profesión, lugar donde vivís; preguntadles a ellos también.

6 La visita — A2

B

Tú eres alemán/alemana. Tu compañero/a de intercambio y sus padres están de visita. Ellos solo hablan español. Tus padres solo hablan alemán. Tu compañero/a de intercambio no sabe tanto alemán como tú español por eso tú tienes que servir de mediador/a entre las dos familias.

6 La visita — A2

C

Ihr seid die deutschen Eltern eines/r Spanisch lernenden Schülers/Schülerin. Zur Zeit ist der/die spanische Austauschschüler/in eures Sohnes/eurer Tochter zusammen mit seinen/ihren Eltern bei Euch zu Besuch. Leider sprecht ihr selbst kein Spanisch und seine/ihre Eltern kein Deutsch. Aber euer Sohn/eure Tochter mittelt. Stellt euch vor, erzählt etwas über euer Leben, euren Beruf…

B Rollenkarten zur Sprachmittlung

4 Animales domésticos	A1
5 La foto de tu familia	A1
6 La visita	A2

B Rollenkarten zur Sprachmittlung 7–9

7 ¿Quedamos? — A2

A
Tú eres español/a y estás en Alemania de intercambio. Hoy tu compañero/a de intercambio tiene que estudiar para un examen, pero dos de sus amigos/as te han invitado a salir con ellos/ellas. Quieren quedar contigo, pero como no está todo claro le pides ayuda a tu compañero/a de intercambio.

B
Tú eres alemán/alemana y tienes visita de tu compañero/a de intercambio. Hoy va a salir con dos de tus amigos/as, pero sin ti porque tú tienes que estudiar para un examen. Él/Ella no entiende muy bien dónde van a quedar y qué van a hacer. Ayúdalos/las a entenderse.

C
Ihr seid Deutsche und habt euch bereit erklärt, heute Abend mit dem/der Austauschpartner/in eures Freundes/eurer Freundin auszugehen, da er/sie für eine Klausur lernen muss. Ihr wollt zuerst Bowling spielen und dann Pizza essen gehen. Treffpunkt ist um 19.00 bei einem von euch zu Hause. Erklärt es dem/der Austauschpartner/in. Da er/sie nicht alles versteht und ihr kein Spanisch sprecht, bittet ihr euren/eure Freund/in, zu mitteln.

8 ¡Estoy perdido/a! — A2

A
Tú eres español/a y estás de intercambio en Alemania. Como hoy tuviste menos horas de clase que tu compañero/a de intercambio, decides volver solo/a a casa. Tú crees acordarte del camino. Lamentablemente, el camino es más difícil de lo que pensabas. Das muchas vueltas y no lo encuentras. Le preguntas a mucha gente en la calle, pero nadie parece entenderte. Por fin, llega un/a señor/a que te entiende, pero que no es de la ciudad.

B
Tú eres alemán/alemana. Eres turista y estás caminando por una calle en una ciudad desconocida. De pronto alguien que está muy nervioso/a te habla en español. Está perdido/a. Tú no sabes adonde tiene que ir, pero como hablas alemán y español lo/la ayudas a buscar a alguien que conozca el camino.

C
Du bist Deutsche/r und kommst gerade vom Einkaufen. Unterwegs spricht dich plötzlich jemand an. Er/Sie ist als Tourist in deiner Heimatstadt unterwegs und dabei wurde er/sie von einem/r jungen Spanier/in angesprochen, der/die nach dem Weg sucht. Der/die Deutsche fragt, ob du ihnen helfen kannst, denn er/sie kann zwar Spanisch, kennt sich aber nicht in deiner Stadt aus! Du erklärst den Weg.

9 De viaje — A2

A
Tú eres español/a y estás de intercambio en Alemania. Todos los españoles se han ido una semana de viaje a Berlín. Cuando regresas, quieres contarles a los padres de tu intercambio todo lo que viste, visitaste y conociste, lo que más/no te gustó. Pero contar todo en alemán te resulta muy complicado todavía. Tu compañero/a de intercambio te ayuda contándoles lo que tú dices a sus padres.

B
Tú eres alemán/alemana y en este momento los compañeros de intercambio españoles están de visita. Ellos se han ido una semana de viaje a Berlín. Cuando regresa tu compañero/a de intercambio quiere contar a tus padres todo lo que vio, visitó y conoció, lo que más/no le gustó. Pero contar todo en alemán le resulta muy complicado todavía. Tú lo/la ayudas.

C
Du bist Deutsche/r. Dein/e Sohn/Tochter hat gerade Besuch von den spanischen Austauschschülern, die eine Woche lang in Berlin waren. Bei der Rückkehr will der/die spanische Austauschschüler/in von der Reise berichten, was ihm/ihr aber auf Deutsch noch schwer fällt. Auch du hast einige Fragen, sprichst aber kein Spanisch. Deshalb mittelt dein/e Sohn/Tochter.

B Rollenkarten zur Sprachmittlung

7 ¿Quedamos? A2

7 ¿Quedamos? A2

7 ¿Quedamos? A2

8 ¡Estoy perdido/a! A2

8 ¡Estoy perdido/a! A2

8 ¡Estoy perdido/a! A2

9 De viaje A2

9 De viaje A2

9 De viaje A2

© Ernst Klett Sprachen GmbH, Stuttgart 2013 | www.klett.de | Alle Rechte vorbehalten.
Kopieren für den eigenen Unterrichtsgebrauch gestattet.
ISBN 978-3-12-525615-6

B Rollenkarten zur Sprachmittlung 10–12

10 ¿Cómo se hace? — A2

A

Tú eres español/a y estás de intercambio en Alemania. El/La padre/madre de la famila donde vives quiere hacerte tu comida favorita de España. Él/Ella no conoce el Gazpacho andaluz. Explícale qué es y cómo hacerlo con ayuda de tu compañero/a de intercambio. (1 kilo de tomates – pimiento – sal – cebolla – ajo – aceite de oliva – vinagre).

B

Tú eres alemán/alemana y en este momento los compañeros de intercambio españoles están de visita. Tu padre/madre quiere hacerle a tu compañera/o de intercambio su comida favorita de España. Él/Ella no conoce el Gazpacho andaluz. Cuando llegas a casa tu compañero/a de intercambio está explicándole cómo se hace, pero tu padre/madre no lo/la entiende muy bien. Ayúdalos/las.

C

Du bist Deutsche/r. Dein/e Sohn/Tochter hat gerade Besuch des/der spanischen Austauschschülers/in. Du möchtest sein/ihr Lieblingsessen machen: Gazpacho. Leider kennst du das Gericht nicht und da du kein Spanisch sprichst und der/die Austauschschüler/in noch nicht so lange Deutsch lernt, muss dein/e Sohn/Tochter seine/ihre Erklärungen mitteln.

11 ¿Cómo vives? — A2

A

Tú eres español/a. En este momento estás de visita en Alemania, pero todavía no hablas muy bien alemán. La familia de intercambio quiere saber cómo vives: tu familia, tu ciudad y tu casa.
Tu compañero/a de intercambio que sabe más español que tú alemán te sirve de mediador/a.

B

Tú eres alemán/alemana y tienes de visita a un/a chico/a de intercambio de España. Tu familia quiere saber cómo vive él/ella: su familia, su ciudad y su casa.
Tú sabes más español que tu compañero/a de intercambio alemán; así que tú les sirves de mediador/a.

C

Ihr seid eine deutsche Familie und habt Besuch von einem/r spanischen Austauschschüler/in. Ihr sprecht kein Spanisch, möchtet aber wissen, wie er/sie lebt: wie sieht seine/ihre Familie aus, wie lebt er/sie, wie gefällt ihm/ihr seine/ihre Heimatstadt… Euer Sohn/eure Tochter mittelt.

12 Antes — A2

A

Tú eres español/a y estás en casa de tu compañero/a de intercambio en Alemania. Tu alemán no es muy bueno todavía. Estáis viendo fotos de antes. Ellos quieren saber cómo eras tú antes. Quieres contarles muchas cosas, pero con tu alemán es imposible así que tu compañero/a de intercambio te echa una mano.

B

Tú eres alemán/alemana y estás en casa con tu compañero/a de intercambio de España y tu familia. Estáis viendo fotos de antes. Tus padres quieren saber muchas cosas de él/ella. Como su alemán no es muy bueno todavía, les sirves de mediador/a.

C

Ihr seid die Eltern eines/r deutschen Schülers/Schülerin. Euer Sohn/Eure Tochter hat Besuch von seinem/ihrem spanischen Austauschschüler/in. Ihr seid abends im Wohnzimmer versammelt und seht euch Fotos von früher an. Auch der/die Austauschschüler/in hat Fotos aus der Kindheit dabei. Ihr habt viele Fragen dazu, sprecht aber leider kein Spanisch. Euer Sohn/Eure Tochter mittelt.

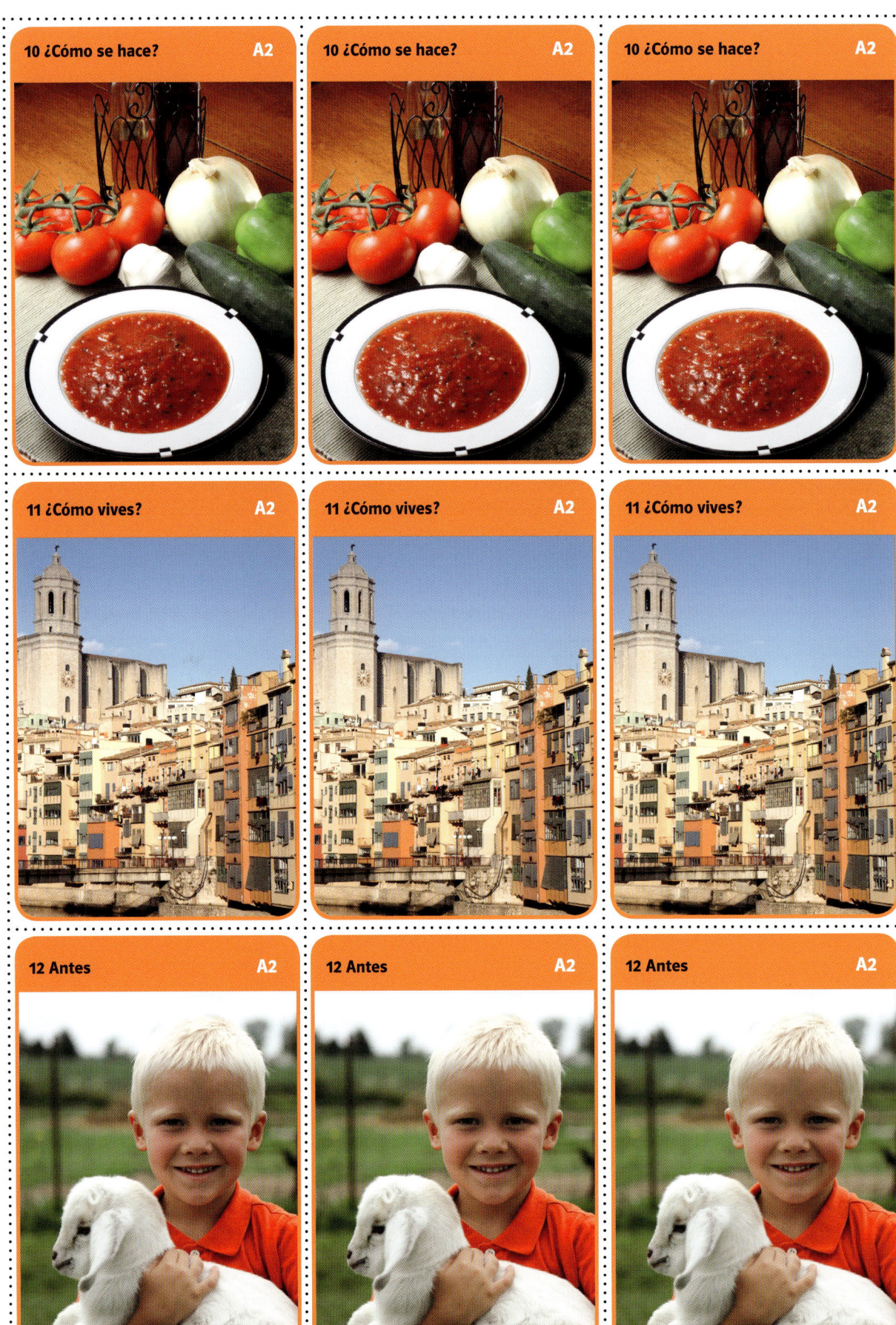

B Rollenkarten zur Sprachmittlung 13–15

13 Un día libre — A2

A

Tú eres peruano/a. Estás con dos alemanes/as que están haciendo un año de ayuda social en tu pueblo. Quieren invitarte a pasar un día con ellos/as. Los/Las dos te preguntan qué se podría hacer y te cuentan lo que les gustaría hacer a ellos/ellas ese día. Solo uno/a de ellos/ellas habla español, el/la otro/a está empezando a aprenderlo. Por eso él/la que habla mejor español hace de mediador/a.

13 Un día libre — A2

B

Tú eres alemán/alemana y estás de intercambio en Perú haciendo un año de ayuda social en un pueblo peruano. Estás con un/a alemán/alemana que tiene ganas de visitar los entornos con ayuda de uno/una de los jóvenes del pueblo. Tu amigo/a ya tiene algunas ideas, lamentablemente no habla mucho español, pero tú sí. Por eso tú haces de mediador/a.

13 Un día libre — A2

C

Du bist Deutsche/r und machst gerade ein FSJ in einem Dorf in Peru. Du hast erst hier angefangen Spanisch zu lernen. Du würdest gerne deinen freien Tag nutzen, um eine Kultstätte der Inkas zu besuchen, eine nahegelegene größere Stadt oder etwas anderes Interessantes, je nachdem, wie die Entfernung ist. Zusammen mit einem/r zweiten Deutschen, der/die gut Spanisch spricht und mittelt, bittest du eine/n junge/n Peruaner/in, mit euch zu kommen.

14 Proyectos de viaje — A2

A

Tú eres español/a y quieres irte de vacaciones unos días con tu compañero/a intercambio alemán/alemana y su mejor amigo/a. Tú no hablas alemán muy bien, pero tu compañero/a de intercambio habla bien español y hace de mediador/a. Estáis decidiendo cuándo, adónde y por cuánto tiempo iros. Poneos de acuerdo.

14 Proyectos de viaje — A2

B

Tú eres alemán/alemana y quieres irte de vacaciones unos días con tu mejor amigo/a alemán/alemana y tu compañero/a de intercambio español. Tú amigo/a no habla español y tu intercambio no habla bien alemán, así que tú haces de mediador/a. Estáis decidiendo cuándo, adónde y por cuánto tiempo iros. Poneos de acuerdo.

14 Proyectos de viaje — A2

C

Du bist Deutsche/r und möchtest einige Tage mit deinem/r besten Freund/in und dessen/deren Austauschpartner/in verreisen. Du sprichst kein Spanisch, dein/e Freund/in aber schon. Ihr plant nun, wohin ihr fahren wollt, wann und für wie lange. Dein/e Freund/in mittelt.

15 A De compras — A2

A

Tú eres hondureño/a y estás pasando todo el invierno en Alemania. Antes nunca habías visto nieve. No tienes la ropa adecuada; por eso, le pides a un/a amigo/a alemán/alemana que te acompañe. Ya en la tienda buscas lo mejor y lo más barato. Necesitas botas, chaqueta, bufanda, jersey, etc.
Tu amigo/a hace de mediador/a.

15 A De compras — A2

B

Tú eres alemán/alemana. Has conocido a un/a hondureño/a que está pasando todo el invierno en Alemania. No tiene la ropa adecuada; por eso, te pide que lo/la acompañes. Ya en la tienda busca lo mejor y lo más barato. Necesita botas, chaqueta, bufanda, jersey, etc. y te necesita a ti como mediador/a.

15 A De compras — A2

C

Du bist Deutsche/r und arbeitest in einem Bekleidungsgeschäft. Gerade sind zwei Jugendliche hereingekommen, die sich suchend umsehen. Als du dich ihnen näherst und deine Hilfe anbietest, erklärt dir eine/r der beiden, dass der/die andere leider noch nicht so gut Deutsch spricht, da er/sie noch nicht lange in Deutschland ist und dass er/sie deshalb seine/ihre Wünsche mittelt. Der/Die Freund/in sucht Winterkleidung…

B Rollenkarten zur Sprachmittlung

B Rollenkarten zur Sprachmittlung

16 Al médico — A2

A

Tú eres español/a y estás en Alemania por razones de trabajo. De pronto no te sientes muy bien. Quieres llamar al médico para pedir hora. Pero si no hablas alemán, es imposible.
Por eso, le pides al/a la recepcionista del hotel donde resides y del/de la que sabes que es bilingüe que llame por ti y te sirva de interprete.
Necesitas una cita lo más pronto posible.

B

Tú eres alemán/alemana y trabajas de recepcionista en un hotel en Alemania. De pronto recibes una llamada de un/a huésped español/a que no se siente bien. Él/Ella no habla muy bien alemán y por eso te pide que le ayudes a llamar al medico para pedir hora. Además, te necesita como mediador/a cuando vaya a ver al médico. Ayúdalo/la.

C

Du bist Deutsche/r und arbeitest als Arzthelfer/in in einer Praxis. Da erhältst du einen Anruf von einem bekannten Hotel aus der Stadt. Ein Gast sei krank und brauche Hilfe. Da der Gast kein Deutsch spreche, würde der/die Empfangschef/in mitteln. Leider hat der/die Arzt/Ärztin nur noch wenige Termine frei. Frag, ob es unbedingt heute noch sein muss, in zwei Tagen sähe es besser aus, was denn dem Gast fehle…

17 En el metro — B1

A

Tú eres de Barcelona y estás esperando tu metro en la estación Sagrada Familia. De pronto un/a chico/a se te acerca a preguntarte cómo ir al Parc de Montjuic. Explícaselo.

B

Tu eres alemán/alemana. Estás en Barcelona con un/a compañero/a que no se atreve a hablar español. Tú hablas muy bien. Vosotros/as estáis en la estación Sagrada Familia y queréis ir al Parc de Montjuic, pero no sabéis cómo. Tú vas a ser el/la mediador/a. Pregúntale a alguien que pasa. Tu amigo/a va ir escribiendo lo que le digas para no olvidarlo.

C

Du bist Deutsche/r und befindest dich in Barcelona mit einem/r Freund/in. Du traust dich noch nicht Spanisch zu sprechen, aber dein/e Freund/in spricht ziemlich gut. Dafür findest du dich besser in der Metro zurecht. Ihr seid in der Station Sagrada Familia und wollt zum Parc de Montjuïc, wisst aber nicht wie. Ihr sprecht jemanden an. Dein/e Freund/in hilft bei der Verständigung und du schreibst mit.

18 Triste — B1

A

Tú eres español/a y estás haciendo un intercambio en una familia alemana. No sabes mucho alemán. No te entiendes muy bien con tu compañero/a de intercambio. Echas de menos a tus padres. No te gusta la comida…
Parece que se nota que no estás contento/a, pues se te acerca un/a profesor/a alemán/alemana junto/a con otro/a alumno/a.

B

Tú eres bilingüe en español y alemán. En tu escuela hay un grupo de alumnos de España. Un/a profesor/a te pide ayuda para hablar con uno/a de ellos. Pues parece tener mala cara. Ayúdalos/las a entenderse.

C

Du bist Deutsche/r und Lehrer/in an einer Schule. Zur Zeit ist eine Gruppe Jugendlicher aus Spanien zum Schüleraustausch auf Besuch. Du hast eine/n von ihnen schon öfter beobachtet, weil dir aufgefallen ist, dass es ihm/ihr nicht besonders zu gefallen scheint. Da du gerade Aufsicht in der Mittagspause hast, beschließt du, ihn/sie darauf anzusprechen. Du bittest eine/n deiner Schüler/innen, der/die zweisprachig ist, dir als Mittler/in zu helfen.

16–18 B Rollenkarten zur Sprachmittlung

16 Al médico — A2	16 Al médico — A2	16 Al médico — A2
17 En el metro — B1	17 En el metro — B1	17 En el metro — B1
18 Triste — B1	18 Triste — B1	18 Triste — B1

B Rollenkarten zur Sprachmittlung

19 Fiestas de España — B1

A

Tú eres español/a y estás en Alemania en la época de carnaval. Les preguntas a tus amigos alemanes si conocen el carnaval de las Islas Canarias. Ellos quieren saber cómo es y que diferencias tiene con el de Alemania. Lamentablemente, tu alemán no es lo suficientemente bueno para contar todo lo que quieres contar. Uno/a de tus amigos alemanes se ofrece a servirte de mediador/a.

B

Tú eres alemán/alemana. Es la época de carnaval en Alemania y estás con unos amigos celebrando: uno/a de ellos es español/a y os quiere contar como es el carnaval de las Islas Canarias. Lamentablemente, su alemán no es lo suficientemente bueno para contar todo lo que quiere contar.
Tú te ofreces a servir de mediador/a.

C

Es ist Karneval in Deutschland. Du bist Deutsche/r und mit einer Gruppe von Freunden/Freundinnen unterwegs. Mit dabei ist ein/e Bekannte/r aus Spanien. Er/Sie fragt, ob ihr wisst, wie Karneval auf den Kanaren gefeiert wird. Du würdest gerne mehr darüber erfahren, sprichst aber kein Spanisch. Eine/r deiner Freunde/Freundinnen bietet sich als Mittler/in an. Stelle ihm/ihr die Fragen, die du hast.

20 ¿Qué hacer en el futuro? — B1

A

Tú eres venezolano/a y te encanta cantar y bailar. Un/a chico/a alemán/alemana, que está aprendiendo a bailar, está preparando una presentación para su clase sobre los jóvenes latinoamericanos y sus perspectivas. Él/ella quiere hacerte muchas preguntas que tú, lamentablemente, no puedes contestar porque tu alemán todavía no es tan bueno.
Un/a colega de trabajo que habla bastante bien el español os va a servir de mediador/a.

B

Tú eres alemán/alemana y trabajas en una escuela de la danza junto/a a algunos/as latinoamericanos/as. Un/a chico/a alemán/alemana que está aprendiendo a bailar está preparando una presentación para su clase sobre los jóvenes latinoamericanos y sus perspectivas. Él/ella quiere hacer muchas preguntas a tu colega venezolano/a que él/ella no puede contestar en alemán. Tú les vas a servir de mediador/a.

C

Du bist ein/e deutsche/r Schüler/in und sollst im Ethikunterricht eine Präsentation über Jugendliche aus Lateinamerika und ihre Zukunftsperspektiven halten. Da du gerade einen Tanzkurs machst, befragst du eine/n der jungen Tanzlehrer/innen aus Venezuela. Du fragst, wie er/sie seine Zukunft in 15 Jahren sieht, was er/sie sich vom Leben wünscht, ob er/sie diesen Beruf sein/ihr Leben lang ausüben möchte ... Sein/ihr Kollege mittelt.

21 En el museo — B1

A

Tú eres español/a e historiador/a del arte. Tu hijo/a sabe hablar muy bien alemán y ahora te viene a buscar con un/a amigo/a suyo/a alemán/alemana que te hace muchas preguntas acerca de un cuadro. Hace una semana fue a visitar el Museo del Prado y le encantó un cuadro, pero no se puede acordar del nombre. Trata de describírtelo para que tú le digas el nombre y su pintor.
Tu hijo/a os ayuda a entenderos.

B

Tú sabes alemán y eres español/a. Hace una semana un/a amigo/a alemán/alemana tuyo/a fue a visitar el Museo del Prado y le encantó un cuadro, pero no se puede acordar del nombre.
Tu papá/mamá es historiador/a de arte. Por eso, tu amigo/a viene a pedirte que le sirvas de mediador/a cuando habla con tu papá/mamá.

C

Du bist Deutsche/r und gerade auf Besuch in Spanien. Vor einer Woche warst du im Museo del Prado. Ein Bild hat dir besonders gut gefallen, aber du kannst dich weder an den Namen des Bildes noch den des Malers erinnern. Du weißt, dass der Vater/die Mutter eines spanischen Freundes Kunsthistoriker/in ist. Ihn/Sie willst du also befragen. Dein/e Freund/in spricht gut Deutsch und hilft dir bei der Verständigung.

B Rollenkarten zur Sprachmittlung

19 Fiestas de España — B1

20 ¿Qué hacer en el futuro? — B1

21 En el museo — B1

© Ernst Klett Sprachen GmbH, Stuttgart 2013 | www.klett.de | Alle Rechte vorbehalten.
Kopieren für den eigenen Unterrichtsgebrauch gestattet.
ISBN 978-3-12-525615-6

23 ¿Qué te gustaría escuchar? B2

A

Tú eres colombiano/a y estás en una fiesta en Alemania con otros chicos de intercambio de diferentes países. Todos tratan de poner la música que les gustaría escuchar. Tú tambien te acercas al compacto y empiezas a decirle al/a la chico/a de al lado qué tiene que poner. Desgraciadamente, no parece entenderte. ¡Qué bien que llega otro/a y os ayuda a entenderos!

23 ¿Qué te gustaría escuchar? B2

B

Tú eres inglés/inglesa y sabes un poco de español, francés y estás en Alemania aprendiendo alemán.
Estás en una fiesta con otros chicos de intercambio de diferentes países. Todos tratan de poner la música que les gustaria escuchar. Tú ves a dos chicos/as que están al lado del compacto y que están discutiendo. Ayúdales a entenderse.

23 ¿Qué te gustaría escuchar? B2

C

Tu es Français/e. Tu es a une fête en Allemagne avec d'autres étudiants du même échange de différents pays. Chacun essaie de mettre la musique qui lui plaît, toi aussi. Tu es à côté de la chaîne hifi quand un/e Colombien/enne s'approche de toi. Tu ne comprends pas ce qu'il/elle te dit, mais un/e autre étudiant/e essaie de vous aider bien qu'il/elle soit anglais/e et ne parle qu'un petit peu d'espagnol.

24 Buscando habitación B2

A

Tú eres guatemalteco/a y vives en una habitación compartida. Estáis entrevistando a un/a chico/a alemán/alemana que quiere compartir el piso con vosotros/as. Pregunta qué sabe hacer, qué no, qué le molesta y qué le gusta. Quieres que hable un poco de su caracter y de sus amigos.
El problema es que la persona que viene no habla español. Uno/a de tus compañeros/as de piso sabe bastante bien el alemán y os sirve de mediador/a.

24 Buscando habitación B2

B

Tú eres guatemalteco/a y vives en una habitación compartida. Estáis entrevistando a un/a chico/a alemán/alemana que quiere compartir el piso con vosotros/as. Tú eres el/la único/a que sabe alemán porque hiciste un semestre de Erasmus en Hamburgo. Sirve de mediador/a entre tus compañeros de piso y el/la alemán/alemana que quiere vivir con vosotros/as.

24 Buscando habitación B2

C

Du bist Deutsche/r und vor kurzem wegen eines FSJ nach Guatemala gekommen. Jetzt bist du auf Zimmersuche. Du hast von einer WG erfahren, bei der ein Zimmer frei wird und stellst dich jetzt dort vor. Du fragst nach der Miete, den Verkehrsverbindungen und dich interessiert, wer die anderen WG-Bewohner/innen sind… Da du noch nicht gut Spanisch sprichst, mittelt eine/r der Bewohner/innen, der/die ein Auslandssemester in Hamburg gemacht hat.

B Rollenkarten zur Sprachmittlung

A Textaufgaben zur Sprachmittlung

Nivel B1 – escrito (ES > D)

Tu mejor amigo/a no conoce a SKA-P. ¡Esto no puede ser! Así que buscas información del grupo y encuentras algo – desgraciadamente solo en español y él/ella no lo habla. Antes de perder más tiempo buscando un buen artículo en alemán te decides a resumirle el artículo ya encontrado.
Escríbele un mail en alemán.

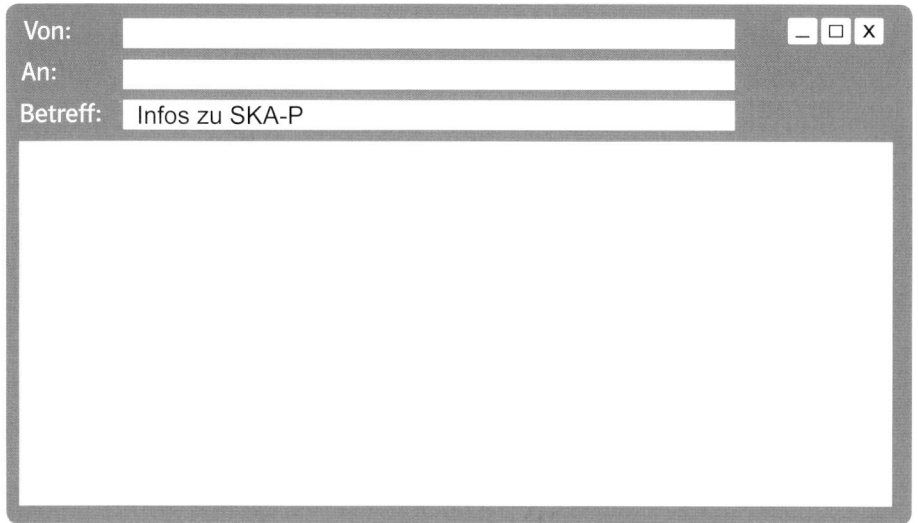

Nivel B1 – oral (ES > D)

Tu vas a pasar un fin de semana con tu amigo/a alemán/alemana. Como él/ella no conoce a SKA-P, tú le llevas sus álbumes de regalo. A él/ella le encanta y quiere saber más del grupo. Tú buscas información del grupo en Internet y encuentras algo interesante – desgraciadamente solo en español y tu amigo/a no lo habla.
Trabajad en parejas hablando alemán:

A pregunta todo lo que quiere saber del grupo:
- *origen*
- *tiempo que cantan juntos*
- *lugar/de dónde vienen*
- *problemas y éxitos*
- *canciones famosas*
- *temas de sus canciones…*

B ha leído el artículo en Internet y puede contestar a todas esas preguntas.

A Textaufgaben zur Sprachmittlung

Trabajando en México (D > ES)

Material

Deutscher Filmemacher in Mexiko „Pünktlichkeit ist der größte Fettnapf"

Er kam wegen des Tequilas und blieb, um Filme zu drehen. Matthias Klenk schlägt sich in Guadalajara als Drehbuchautor und Regisseur durch. Obwohl er immer wieder versetzt wird, gibt er nicht auf. Nur eines möchte er nicht: Sich mit Streifen durchschlagen, wie sie Drogenbarone bestellen.

„Wenn man in Mexiko etwas will, muss man oft genug nerven, dann klappt es auch. Wahrscheinlich hat es mit der Härte des Lebens hier zu tun, dass man sich richtig anstrengen muss. Mexikaner sagen aber nie Nein, man muss also spüren, wann ein Ja wirklich ein Ja ist.

Ich lebe in Guadalajara, bin Drehbuchautor, führe Regie und versuche, mich auf dem mexikanischen Markt zu etablieren. Ich arbeite gerade an einer Serie, in der es um die sozialen Probleme im Süden von Mexiko geht, eine Art mexikanisches ‚Lost'. Bald werde ich auch eine Web-Serie und ein paar Kurzfilme produzieren. Mein erster großer Film soll ein Kung-Fu-Film werden, das Drehbuch ist gerade fertiggeworden. Jetzt muss ich versuchen, für die Produktion zwei Millionen Dollar aufzutreiben. Staatliche Fördermittel für meine Filme bekomme ich hier nicht, weil ich Ausländer bin. Trotzdem ist es leichter als in Deutschland, an Geld zu kommen. In Mexiko gibt es viele Reiche, die bereit sind, Filme zu finanzieren. Es gibt sogar sogenannte Narco-Filme: Drogenbosse bezahlen dafür, dass man Filme über ihr Leben dreht. Das würde ich aber nie machen.

Ich habe Interamerikanische Studien in Bielefeld studiert. Eigentlich wollte ich für ein Auslandssemester nach Venezuela. In Mexiko war noch ein Platz frei, an der Universität in Guadalajara. Das Land kannte ich nur aus ‚Speedy Gonzales' und dem Film ‚Amores Perros', ich wusste fast nichts. Was mich interessiert hat, war der Tequila. Spanisch konnte ich am Anfang kaum. Wenn die Leute sich auf Uni-Partys unterhalten haben, habe ich gar nichts verstanden.

Guadalajara ist die zweitgrößte Stadt Mexikos und die mexikanischste Stadt überhaupt: Alle Klischees, die man von Mexiko kennt, kommen von hier. In der Stadt mischt sich ländliches und urbanes Leben, es ist relativ sicher, und es gibt sehr viel Kunst, Kultur und Subkultur. Die größte Buchmesse der spanischsprachigen Welt und das größte Filmfestival Lateinamerikas finden jedes Jahr hier statt.

Mein Auslandssemester ist jetzt fünf Jahre her. Spanisch habe ich durch Lesen und Sprechen gelernt. Allerdings halten mich die meisten Mexikaner für einen Franzosen, weil ich wie alle Sachsen das ‚R' verschlucke. Das richtige mexikanische, rollende ‚R' kann ich nicht aussprechen.

Weitermachen, wenn man auf die Nase fällt

In Mexiko kann man sich schneller etablieren als in Deutschland, alles ist informeller. Das hat seine Vor- und Nachteile. Ich lerne gerade erst, dass ich extrem auf andere zugehen und mich stärker präsentieren muss, um etwas zu erreichen. Man spürt die Nähe zu den USA: Bei jedem Kurs oder Workshop kriegt man eine Urkunde. Viele Mexikaner pimpen ihre Lebensläufe damit und donnern sich für Vorstellungsgespräche richtig auf.

Gute Kontakte erleichtern vieles, Vitamin B ist sehr wichtig. Aber wenn man einmal ein paar

Klenk + Team beim Dreh in Mexiko

wichtige Menschen kennt, kennt man schnell alle. Schön finde ich hier die Lebensfreude. Alles geht etwas lockerer zu, und man lernt weiterzumachen, auch wenn man mal auf die Nase fällt. Nach meinem Auslandssemester war ich kurz in Deutschland und bin dann nach Mexiko-Stadt geflogen, um meine Masterarbeit zu schreiben. Ich habe geforscht, wie die Stadt im mexikanischen Film dargestellt wird. Dann habe ich zwei Jahre versucht, mich neben meinen Filmprojekten als Deutschlehrer über Wasser zu halten, und 2011 habe ich meine Doktorarbeit über 3-D-Kino angefangen, an der ich noch arbeite.

Viele Studenten hier arbeiten nicht neben dem Studium. Es studieren fast nur Leute, die es sich leisten können. Die Kinder der Reichen besuchen die Privatunis und auf die öffentlichen Universitäten gehen die Kinder der politischen Funktionäre. An den Privatunis kann man Studenten finden, die in Deutschland kein Abitur schaffen würden. Als Deutschlehrer habe ich schon erlebt, dass Kinder mich mit Geschenken überzeugen wollten, dass ich ihnen bessere Noten gebe.

Zu spät kommen ist normal

Im Durchschnitt arbeiten die Mexikaner aber richtig viel. Viele betreiben neben ihrem offiziellen Job irgendein Geschäft, um mehr Geld zu verdienen. Auf Schwarzmärkten kann man alles kaufen, auch Kopien aktueller Blockbuster. Es gibt sogar Filme, die nur für den Schwarzmarkt produziert werden: Die Produzenten schließen Verträge mit den Händlern ab und werden am Erlös beteiligt. Nur wenige mexikanische Spielfilme sind richtig erfolgreich, es werden ein Haufen Filme produziert, die niemand sieht. Die meisten Schauspieler halten sich mit den in Mexiko beliebten Telenovelas über Wasser und versuchen dann, ins Kino zu kommen. Pünktlichkeit ist das größte Fettnäpfchen in Mexiko. Zu spät zur Arbeit zu kommen ist hier normal. Wenn man bei einem Dreh Regie führt, ist das hart. Die Leute sagen, dass sie gleich kommen, und dann tauchen sie gar nicht auf. Wenn man um vier Uhr verabredet ist, kommt man besser um halb fünf. Ich bin immer pünktlich und muss warten. Am Set ist es generell chaotischer, die Leute vergessen Sachen, sie denken nicht bis ins Detail. Ich habe erlebt, dass Menschen sagen, dass sie ein Projekt mit mir machen möchten – aber es wird nichts daraus. Jetzt konzentriere ich mich mehr auf mich. Es nervt mich, wenn mich Freunde anrufen und sagen, dass sie am nächsten Tag etwas mit mir unternehmen wollen, und dann melden sie sich nicht. Inzwischen mache ich das aber auch."

© SPIEGEL ONLINE, Sonja Peteranderl, 15. April 2013

Aufgaben

Niveau B2 – mündlich/schriftlich (D > ES)

Ihr/e spanische/r Austauschpartner/in schreibt Ihnen eine Mail. Er/Sie beabsichtigt, im Rahmen von „Work and Travel" ein Jahr nach Mexiko zu gehen, und sucht im Internet nach Informationen aller Art über das Land. Da er/sie mittlerweile auch besser Deutsch versteht, sucht er/sie auch gerne auf deutschen Seiten. Auf Spiegel Online hat er/sie einen Artikel gefunden, der ihm/ihr sehr interessant erscheint, den er/sie aber doch noch nicht gut versteht. Deshalb bittet er/sie Sie, ihm/ihr den Inhalt auf Spanisch zusammenzufassen.
Schreiben Sie die Mail oder rufen Sie ihn/sie an.

Cosas que debes saber sobre Alemania (ES > D)

Material

Botas ordenadas afuera de la entrada de un piso

Un coche con las ruedas bloqueadas

Tipp:
Den kompletten Artikel findest du im Internet unter:
http://www.elmundo.es/blogs/elmundo/blogoterraqueo/2012/11/12/diez-cosas-que-debes-saber-sobre.html

Cosas que debes saber sobre Alemania

Aunque hayas estudiado alemán,[...] tú no hablas alemán. [...] Practicar alemán con los alemanes, además, no es una consecuencia automática de la convivencia. Puedes pasar semanas sin intercambiar más que escuetos saludos con tus compañeros del trabajo y tus compañeros de piso, que con toda seguridad intentarán dirigirse a ti en inglés o en español. [...]

Alemania está llena de alemanes, pero no entenderas las diferencias culturales hasta que no las sufras. Son honrados. [...] Si te dejas abierto el coche en el centro de Berlín[...] los CD seguirán en la guantera cuando vuelvas dos horas después. Pero si aparcas incorrectamente [...] será posiblemente uno de tus vencinos el que llame a la policia para denunciarte. [...] Si tomas un café o cenas con alguien, pagaréis por separado. Se quitarán los zapatos cuando entren a tu casa y tu deberás hacer lo mismo en la suya. No soportarán que hables al volumen cotidiano en España. [...]

¡Ah! Y no te perdonarán que no seas amable con perros y gatos, a los que no es estraño que demuestren más afecto que a las personas. [...]

Alemania trabaja y España también, pero con culturas del trabajo completamente ajenas entre sí. Generalizando, los trabajadores alemanes no usan el teléfono de la empresa para llamadas personales [...]. Cumplen los horarios.

El sistema de bienestar social alemán sigue siendo un sueño en comparación con el resto del planeta [...]. Una vez entras en el sistema a través de un empleo estable, dispones de todo tipo de ayudas familiares. [...] En un caso de paro prolongado, el Estado garantiza el derecho a vivienda. [...]

Si después de haber superado todas estas dificultades logras trabajar en Alemania y establecerte en este país, descubrirás algo con lo que no contabas: quieres quedarte. A pesar de la morriña de los planes para volver, [...] No te gustaría ya la idea de volver a una oficina en la que se pierde el tiempo en reuniones inservibles o con comidas de dos horas de duración, jamás esperarías ya a que se vaya el jefe para irte a casa si ha terminado tu horario laboral...

La lengua alemana habrá dejado de ser un problema y habrás hecho amigos alemanes, generalmente un tipo de amistad [...] profunda y duradera, de los que no querrás separarte. Y si has tenido hijos, desearás para ellos que crezcan hablando alemán. [...]

Y un día, te sorprenderás a ti mismo tarareando una canción de Grönemeyer mientras conduces, en una ciudad sin atascos.

© Rosalía Sánchez/elmundo.es

A Textaufgaben zur Sprachmittlung

Aufgaben

Nivel A2 – oral (ES > D)
Este año escolar vas a recibir en tu casa a tu estudiante de intercambio de España. Tu profesor/a de español os ha dado un enlace «Las cosas que debes saber sobre Alemania» para que os preparéis un poco antes de la llegada.
Como tus padres no saben español, resúmeles los cinco puntos más importantes de los que hablan en este artículo en alemán.

Nivel B1 – escrito (ES > D)
En el instituto tenéis como tema «¿Cómo ven a los alemanes en otros países?» en socioeconómica. Para ello, han dividido la clase en países. Tú estás en el grupo encargado de España, pues aprendes español.
Escribe una lista con algunas de las cosas que piensan los españoles de los alemanes según el artículo que encontraste en Internet.
Debido a que los otros no hablan español, tienes que escribir en alemán.

Nivel B1 – oral (ES > D)
En el instituto tenéis como tema «¿Cómo ven a los alemanes en otros países?» en socioeconómica. Para ello, han dividido la clase en países. Tú estás en el grupo encargado de España, pues aprendes español y tienes que hacer una presentación en alemán.
Toma notas sobre algunas de las cosas que piensan los españoles de los alemanes según el artículo que encontraste en Internet. Cuando hayas vuelto a leer tus notas, prepara algunas frases para hacer el resumen del artículo – pero no escribas frases enteras para apprender de memoria. Ensaya en voz alta con un/a amigo/a que te pueda dar consejos para mejorar tu presentación.

Niveau B2 – schriftlich (ES > D)
Ihre Schule hat eine Schülerzeitung und Sie würden gerne einen Artikel über die Schwierigkeiten verfassen, mit denen manche Ausländer in Deutschland konfrontiert werden, bevor sie sich hier „wohl fühlen". Dafür suchen Sie Material im Internet.
Sie finden den Artikel „Cosas que debes saber sobre Alemania", der Ihnen gut gefällt. Sie beschließen, ihn als Grundlage für Ihren eigenen Text zu verwenden.
Schreiben Sie den Artikel für die Schülerzeitung auf Deutsch.

A Textaufgaben zur Sprachmittlung

¿Eres supersticioso/a? (ES > D)

Strategie:
Achte sehr genau darauf, welche Informationen in deinem Text vorkommen sollen. Streiche all diejenigen Teile des Ausgangstextes durch, die damit nichts zu tun haben!

La sal derramada, ¿signo de mala suerte?

Material

¿Eres supersticioso/a?

Ahora mismo estarás pensando que no lo eres, pero responde sinceramente: ¿crees en situaciones sorprendentes?, ¿en objetos o animales con poderes extraordinarios? Por casualidad, ¿evitas pasar por debajo de una escalera? Si las respuestas son afirmativas, entonces eres sin lugar a dudas supersticioso/a. Pues, una superstición es una creencia mágica e irracional que no tiene ninguna explicación científica. En muchos lugares del mundo hispanohablante las supersticiones juegan un papel muy importante en la vida cotidiana, por eso es muy importante conocerlas y sobre todo saber cuál es su remedio.

Así que –¡cuidado!– no derrames nunca sal, pues trae mala suerte. Lo único que puedes hacer para arreglar el daño es tomar un poco de la sal derramada y tirarla hacia atrás del hombro izquierdo. Pero si rompes un espejo, esto te traería siete años de mala suerte, y lo único que hay para salvarte es tomar los trozos del espejo roto y guardarlos durante siete días y siete noches. Evita siempre que los gatos negros se crucen por delante de ti. No abras nunca jamás un paraguas bajo techo y el martes 13 no te atrevas a salir de tu casa porque puede pasarte lo peor. Pero si quieres protegerte lo mejor sea empezar bien el día, y, cuando te levantes, no vayas a poner el pie izquierdo en el suelo de primero, pon el derecho. Además, es también importante saber que puedes lograr tener un día lleno de suerte con tan solo llevar una pata de conejo contigo, encontrar un trébol de cuatro hojas o tirar monedas cada vez que pasas por una fuente. Y para que todo te salga muy bien toca madera cada vez que puedas y cruza los dedos.

Aufgaben

Nivel A2 – oral (ES > D)
Tu hermano/a pequeño/a mira la foto mientras tu estás leyendo el artículo en Internet. Él/Ella quiere saber qué significa. Explícaselo en alemán.

Nivel B1 – escrito (ES > D)
Tu acabas de volver a Alemania de un intercambio en España. A tu vuelta un redactor de la revista de tu escuela te pregunta si no te gustaría escribir algo sobre tu estancia en España. Como tema te propone las diferencias culturales que encontraste. A ti te parecieron muy supersticiosos los españoles y piensas escribir algo sobre el tema. Qué bien que has encontrado un artículo sobre las supersticiones de los hispanohablantes en Internet. Te decides a tomarlo como base para tu artículo. Escribe el articulo en alemán.

Niveau B2 – schriftlich (ES > D)
Sie recherchieren über Aberglauben in verschiedenen Ländern der Welt. Dafür gehen Sie ins Internet und lesen den Artikel „Eres supersticioso/a?". Hinterher finden Sie folgendes Forum. Schreiben Sie einen Beitrag, in dem Sie die Informationen aus dem spanischen Text auf Deutsch zusammenfassen.

Wir sind auf der Suche nach allen Arten von Aberglauben, die es in verschiedenen Ländern gibt! Bitte helft uns weiter…
Schreibt uns Beispiele, die ihr aus eurem Bekanntenkreis kennt! Danke!

ANTWORTEN:

Was liest du gerade? (D > ES)

Material

Nils Mohl „Es war einmal Indianerland"

„Ich brauche ein Auto, ich brauche Geld, ich brauche Schlaf. Was ich habe, sind eine Mütze, noch fünf Tage Sommerferien, die Bohrmaschine von Edda." Das ist die Ausgangssituation des namenlosen Ich-Erzählers, eines 17-jährigen Jungen, der in einer nicht gerade gut situierten Großstadt-Hochhaussiedlung lebt. Und gerade ist einiges passiert, was sein bisheriges Leben gehörig auf dem Kopf stellt.

Zum einen hat er die rothaarige Jackie kennengelernt – ein Mädchen, das ihm den Kopf verdreht. Dass die aus reichem Haus stammende Jackie ihn überhaupt beachtet, ist verwunderlich. Kurz vor Ferienende will Jackie zu einem Festival, dem Powwow, fahren und hätte gerne, dass der Junge mitkommt. Er ist sich jedoch noch nicht schlüssig, ob er Jackie wirklich dorthin begleiten will.

Zum anderen ist da noch Zöllner, in manchen Dingen eine Art Ziehvater für den Erzähler. Doch Zöllner steckt ordentlich in der Scheiße: Er hat seine Frau in einem Streit umgebracht, sie zwei Tage in der Wohnung versteckt und sich dann dem Jungen anvertraut. Dieser hat ihm geraten, die Polizei zu informieren. Als diese in die Wohnung kommt, ist Zöllner jedoch getürmt und auf der Flucht vor der Polizei.

Und schließlich gibt es da noch Edda, ein etwas älteres Mädchen, das dem Jungen ebenfalls gefällt. Edda ist genau der Gegenentwurf zu Jackie: nicht auf ihr Äußeres bedacht, dafür witzig und einfühlsam zugleich. Da Edda ein Auto hat, überlegt der Erzähler, sie zu fragen, ob sie ihn zum Powwow fährt. Schließlich brechen die beiden auf…

© Ulf Cronenberg, www.jugendbuchtipps.de, 2011

Cover des Titels „Es war einmal Indianerland"

Info:
Für seinen Roman „Es war einmal Indianerland" hat Nils Mohl den Deutschen Jugendliteraturpreis 2012 erhalten.

Aufgaben

Nivel A2 – escrito (D > S)
La madre de tu compañero/a de intercambio español/a te ha enviado un mail pidiendo tu ayuda. Ella quiere regalarle a su hijo/a una novela alemana para su cumpleaños. Ha mirado en Internet y ha encontrado una página web con las sinopsis de varias novelas para jóvenes. Debido a que ella misma no habla alemán y que no comprende las sinopsis, se ha hecho traducir los títulos de diversas novelas con ayuda de un programa traductor.
El título que más le gustó, fue «Érase una vez en el país de los indios». Ahora te pide a ti que le hagas un resumen de la sinopsis que encontró en Internet en español. Escríbeselo y envíaselo por mail.

Nivel B1 – escrito (D > S)
Estás tan feliz con tu libro que le preguntas a tu compañero/a español/a que cumple años este mes, si tiene ganas de leerlo también.
Escríbele un mail en español. Cuéntale que estás leyendo un libro que ganó un premio. Escríbele también de qué se trata basándote en el artículo de arriba y, finalmente, pregúntale si le gustaría leerlo también.

10 La línea (ES > D + ES > E)

Material

Le decían el Matagente, el asesino. Era un tren de carga normal que cruzaba una vez al día y era el único camino para llegar al norte sin pagar un peso. Tenía vagones de petróleo lisos y brillantes y vagones abiertos de tolva que transportaben grano o chatarra. Las escalerillas corrían hasta la mitad de los lados de los vagones de carga de color naranja, amarillo y marrón desvanecido.

Era simple, decían. A medida que el tren aminoraba la marcha, se corría a lo largo, se agarraba una de las escalerillas y se subía. Fácil. Todo el mundo nos decía lo fácil que era saltar a bordo del tren. Y todo el mundo nos contaba de los desafortunados que no lo lograban. Los que sobrevivían vagaban por toda la ciudad, rotos y abandonados, pero aún vivían. Estaban por todas partes.

Una mujer a la que llaman Angelita se sentaba fuera de la destartalada clínica contando su historia a quien quisiera escucharla. El tren le había cortado ambas piernas a la mitad del muslo cuando se soltó y cayó bajo las ruedas. Habría muerto si no fuera por otros dos que saltaron a sacarla de debajo del tren y detuvieron la sangre que manaba de sus miembros.

Otro que llamaban Santos rodaba torpemente por el zócalo, pidiendo dinero para poder regresar a Honduras con su familia. Estaba paralizado de cintura para abajo y le faltaban cuatro dedos de la mano derecha. Se decía que Santos fue empujado fuera del tren. Alguien quería su lugar en una escalerilla que ya tenía otros cino.

«Vamos a saltar al matagente de todas formas», dijo Elena. [...] «Somos jóvenes y rápidos, ¿verdad Miguel?», añadio Elena. «Tal vez Santos era demasiado lento, o algo así.»

No le recordé que no teníamos otra opción.

Ann Jaramillo, La línea, p. 91 © Ernst Klett Sprachen, 2012.

Aufgaben

Nivel B1 – oral (ES > D)

Has pasado tres meses de intercambio en México y lo que más te impresionó fue el problema de la emigración ilegal a los EE. UU. Al regreso a Alemania, le quieres hacer entender a tu amigo/a alemán/alemana cómo es la situación en México y en Latinoamérica.

Por eso has buscado una parte emocionante de la novela «La línea» de Ann Jaramillo que cuenta la historia de Miguel y Elena que quieren cruzar «la línea», es decir la frontera entre México y los Estados Unidos. Pero solo tienes la novela en español y tu amigo/a no lo habla. Haz un resumen de esta parte de la novela de manera oral en alemán.

Niveau B2 – schriftlich (ES > E)

Im Englischunterricht haben Sie „The Tortilla Curtain" von T.C. Boyle gelesen und besprochen. Der Roman, dessen Handlung in Südkalifornien angesiedelt ist, setzt sich mit einem aktuellen Thema auseinander, das die gesamte westliche Welt betrifft:

(illegale) Einwanderung. Da Sie das Thema interessiert, suchen Sie im Internet nach weiteren Informationen. Dabei stoßen Sie auf einen Auszug aus dem Roman „La línea" der Schriftstellerin Ann Jaramillo und auf den folgenden Artikel zum Thema „Illegale Einwanderung von Mexiko in die USA".

Inmigración ilegal desde México

Debido a la proximidad de México con los EE.UU. y la notable diferencia en la calidad de vida, no es difícil imaginar por qué muchas generaciones de mexicanos han cruzado ilegalmente la frontera. Vienen para alcanzar el sueño americano. Algunos se sienten satisfechos con solo alcanzar una pequeña parte de ese sueño porque aún esto es generalmente mejor de lo que podrían lograr en su país. Durante los años 80 se dió un aumento significativo en la inmigración ilegal desde México y esta situación no se limitaba a una región específica, sino que venían de comunidades de todas partes del país. Aquellos de ciudades más grandes, como Guadalajara, Monterrey y Ciudad México no necesariamente tienen un estilo de vida mejor que los inmigrantes de ciudades o pueblos más pequeños; sin embargo, tienden a tener mayor acceso a oportunidades. Muchas de las personas que viven en pueblos pequeños se dedican a la agricultura o pequeños negocios para sobrevivir. El sueldo promedio de un mexicano es aproximadamente $4.15 la hora y los que se encuentran en la industria agrícola reciben aún menos. Si bien un individuo puede sobrevivir con ese sueldo él solo, se torna más difícil para aquellos con familias. Actualmente, cerca del 40% de la población mexicana está por debajo de la línea pobreza. El desempleo es cerca del 4% pero se estima que aproximadamente 25% de los que trabajan están desempleados.

    Aun cuando se crean empleos, en muchos casos no son suficientes para satisfacer la creciente demanda de los mexicanos. Su pago es algunas veces tan bajo que no pueden cubrir las necesidades más básicas. Siendo así, muchos mexicanos de ciudades pequeñas y grandes encuentran a su vecino Estados Unidos extremadamente atractivo. Los tratados como el Tratado de Libre Comercio con América del Norte (North American Free Trade Agreement) (NAFTA, por sus siglas en inglés) han traído a compañías americanas al país. No obstante, los empleos que han sido creados no son suficientes y muchos salarios son todavía relativamente bajos. Muchos sueñan con ir a lo que ellos llaman «el Norte» para hacer más dinero.

    Muchos inmigrantes ilegales ahorran y/o piden prestado dinero para cubrir este monto. Están dispuestos a arriesgar sus vidas en busca de mejores oportunidades para ellos y sus familias. Una vez que un miembro de la familia, por lo general quien se gana el sustento, puede cruzar la frontera, tiene dos objetivos principales: enviar parte de sus ganancias de nuevo a su casa a sus familias y traer a miembros de su familia a los Estados Unidos. Eventualmente, esperan obtener la residencia permanente y posiblemente la ciudadanía estadounidense. No obstante, hay algunos inmigrantes ilegales con otros propósitos. Vienen con la única intensión de cruzar la frontera para encontrar un empleo que les permita ahorrar suficiente dinero para comprar una casa o establecer su propio negocio cuando regresen a México.

http://www.immigrationunitedstates.org/pages/inmigracion-ilegal-mexico.html

Nach der Lektüre beider Texte sind Sie so begeistert, dass Sie beschließen, sie als Grundlage für Ihre Präsentation in Ihrem Englisch-Kurs zu verwenden. Fassen Sie den Inhalt auf Englisch zusammen.

Diese Woche im Kino (D > ES)

Material

CINE EN ESPAÑOL

Jeden Freitag zeigen wir um 19:00 Uhr und um 22:00 Uhr einen Film aus Lateinamerika oder Spanien – immer in Originalfassung mit deutschen Untertiteln.
Eintrittspreise: Mo – Do 6,00 /Fr – So und feiertags 8,00
Ort: Silberburgstr. 25

Diesen Monat zeigen wir:

7. März

Manchmal braucht man dreißig Jahre, um sich gewiss zu sein, die Liebe gefunden zu haben. – Lalo und Bruno sind dicke Freunde. Da taucht Lisa auf, die zunächst den beiden Teenagern den Kopf verdreht. Sie wirbelt alles durcheinander und entscheidet sich dann aber doch für einen der beiden, um sich jedoch wieder von ihm zu trennen. Viele Jahre später taucht sie wieder auf und sucht die beiden, die in ganz unterschiedlichen Lebensverhältnissen gelandet sind.

14. März

cobardes
y tú, ¿de qué tienes miedo?

Gaby, ein vierzehnjähriger Junge, hat Angst, zur Schule zu gehen, weil Guille, ein Klassenkamerad ihn auf Grund seiner roten Haare hänselt. Guille wiederum hat Angst, seine Eltern zu enttäuschen. Gabys Vater hat Angst um seinen Job, seine Mutter wiederum hat Angst, ihre Familie zu verlieren. Guilles Vater hat enorme Versagensangst und verschleiert diese durch Überheblichkeit. Guilles Mutter schliesslich hat Angst, dass ihre Familie nicht perfekt ist.

21. März

BOMBÓN
El perro

„Bombón" erzählt die Geschichte von Juan, der nach zwanzig Jahren Arbeit an einer Tankstelle entlassen wurde. Juan sucht Arbeit und so kommt es, dass er einer Frau mit einer Autopanne hilft und als Gegenleistung einen Hund bekommt. Juan entdeckt mit dem Hund das Leben neu und gewinnt durch die argentinische Dogge „Bombón" neues Selbstvertrauen.

Aufgaben

Niveau A1 – mündlich (D > ES)
Deine Klasse hat spanische Austauschschüler/innen zu Besuch. Ihr wollt während eures freien Nachmittags am 7. März etwas mit ihnen unternehmen. Sie sprechen jedoch noch nicht sehr gut Deutsch und ihr habt auch erst dieses Schuljahr mit Spanisch angefangen. Dein Vorschlag an deine/n Austauschschüler/in ist, ins Kino zu gehen. Lade ihn/sie ein und sage, wann genau ihr in welchen Film geht und fasse in ein bis zwei Sätzen auf Spanisch zusammen, worum es in dem Film geht.
Spielt den Dialog zu zweit (auf Spanisch).

Niveau A1 – schriftlich (D > ES)
Deine Klasse hat spanische Austauschschüler/innen zu Besuch. Heute, Freitag den 21. März, habt ihr euren freien Abend. Ihr könnt selbst aussuchen, was ihr machen wollt. Leider seht ihr euch erst um 17:00 wieder, weil die Gäste gerade eine Stadtführung machen. Jede/r von euch schreibt seinem/r / ihrem/r Austauschschüler/in eine Nachricht (WhatsApp/SMS) auf Spanisch:
- *Erzähle, was ihr machen wollt und wann.*
- *Wähle einen Film aus und erkläre in einem kurzen Satz, wovon der Film handelt.*
- *Frag, ob er/sie Lust hat, den Film zu sehen.*

Nivel B1 – oral (D > ES)
Tu compañero/a de intercambio de España está en tu casa. El viernes tenéis la tarde libre para hacer lo que queráis. Vosotros queréis ir al cine, pero los españoles no deberían ir al cine a ver una película en alemán porque no entenderían casi nada. Así que os decidís a ver una película en versión original española. No os podéis decidir cuál película ver. Los españoles quieren ver una película diferente a la que quieren ver los alemanes.
- *Cuéntales del plan que tenéis.*
- *Cuéntales de cada una de las tres películas que pasan los viernes en español.*
- *Comparadlas.*
- *Decidid a cuál vais a ir.*

En parejas haced el diálogo (en español).

Niveau B2 – schriftlich (D > ES)
Ihr/e spanische/r Freund/in kommt bald nach Deutschland. Sie wollen mit ihm/ihr zusammen einen spanischen Film sehen. In der Zeit, in der Ihr/e Freund/in zu Besuch sein wird, werden drei Filme gezeigt. Sie können sich nicht entscheiden, welchen Sie sehen wollen und fragen daher nach.
- *Schreiben Sie Ihrem/r spanische/n Freund/in eine Mail auf Spanisch mit dem Inhalt aller drei Filme und deren Titeln.*
- *Fragen Sie ihn/sie, ob er/sie einen Film bereits kennt oder gar gesehen hat.*
- *Fragen Sie ihn/sie, welcher Film ihn/sie am meisten interessieren würde.*

Überleben ohne Handy (D > ES)

Material

Mein erstes Mal: Janine, 16, lebt eine Woche ohne Handy

Für Janine, 16, war eine Woche ohne ihr Blackberry unvorstellbar. Für ein Experiment an ihrer Schule hat die Waldorfschülerin es trotzdem versucht und wollte wissen: Bin ich einfach nur sehr kommunikativ? Oder doch schon süchtig?

Ich habe seit der vierten Klasse ein Handy, seit eineinhalb Jahren ein Smartphone. Vor dem Experiment dachte ich, dass mir mein Handy alles bedeutet. Es war einfach immer da, ich habe es eigentlich permanent genutzt, den ganzen Tag. Vor allem habe ich andauernd draufgeschaut, um zu sehen, ob mir jemand geschrieben hat.

Deshalb hatte ich am Anfang große Angst, es abzugeben. Ich hatte Angst, dass ich weniger Kontakt mit meinen Freunden habe, dass ich nicht mehr nach Hause komme, wenn ich den Bus verpasse – ganz banale Dinge.

Bei dem Projekt „Machen Medien süchtig?" habe ich freiwillig mitgemacht, weil ich mal sehen wollte, wie abhängig ich wirklich bin und wie es sich anfühlt, eine Woche ohne Handy zu leben. Wir kennen das ja so gar nicht mehr.

Das Experiment wurde schon zwei Wochen vorher angekündigt, wir hatten genug Zeit, uns darauf vorzubereiten. Trotzdem war es ein komisches Gefühl, als wir die Telefone wirklich abgeben mussten. Die Smartphones wurden in Tüten mit unseren Namen gepackt, in einen Karton gelegt und dann ging's ab in einen Safe unserer Schule.

Ohne Handy ist es tierisch entspannend

Die Woche war für mich ganz anders, als ich erwartet hatte. Ich habe gemerkt, dass es ohne Handy tierisch entspannend sein kann. Ich hatte viel mehr Zeit für andere Sachen, weil ich nicht andauernd aufs Display schauen musste. Vor allem hat man mehr Zeit für sich selbst, um zwischendurch auch mal runterzukommen und über andere Sachen nachzudenken.

Am meisten vermisst habe ich WhatsApp. Für meine Freunde und mich ist das der einfachste und schnellste Weg zu kommunizieren - und Papa kriegt keine große Handyrechnung. Zum Glück hatten wir ja zu Hause noch Facebook. Ganz ohne Internet wäre es schon schwieriger geworden.

Natürlich möchte ich mein Handy nicht missen. Es macht wirklich viele Sachen einfacher. Wenn man zum Beispiel an der Bushaltestelle steht und sich langweilt, kann man schnell zu Hause bei seiner Mama anrufen, sich mit Freunden verabreden oder einfach mal kurz schauen, was in der Welt gerade so passiert und ein paar Nachrichten lesen.

Dadurch spart man auch Zeit, weil man diese Sachen nicht mehr zu Hause erledigen muss. Aber es war gut zu sehen, dass ich auch ohne zurechtkomme. Dann steckt man sich eben kurz den iPod in die Ohren und schon ist der Bus da.

Janine und ihre Freunde

Wir sind keine Süchtigen

Wir Jugendlichen werden mittlerweile von vielen Erwachsenen als Süchtige dargestellt, aber so ist es überhaupt nicht. Für die, die von klein auf damit aufgewachsen sind, könnte es vielleicht schwieriger werden. Aber ich und meine Mitschüler kommen auch gut ohne Handy aus.

Ich finde man muss das auch mal positiv sehen. Natürlich ist es blöd, wenn man immer nur am Handy hängt. Aber es ist ja nicht so, dass wir die ganze Zeit nur Spiele spielen. Vor allem schreiben wir mit unseren Freuden. Die Leute sollten sich freuen, dass die Jugend heutzutage so viel kommuniziert.

Obwohl ich vorher große Angst hatte, habe ich durch das Experiment gemerkt: Ich muss zwar permanent auf mein Handy schauen, solange es da ist. Aber ich drehe auch nicht durch, wenn es weg ist. Ehrlich gesagt hat es mich schon ein bisschen erstaunt, wie einfach es war und wie schnell die Woche vergangen ist.

Natürlich bin ich froh, dass ich es jetzt wieder habe. Trotzdem möchte ich mein Verhalten ändern, weil es echt stressig sein kann, wenn man sich andauernd damit beschäftigt. In Zukunft will ich das Handy deshalb öfter mal weglegen.

© SPIEGEL ONLINE, Hannah König, 23. April 2013

Aufgaben

Nivel A2 – oral (D > ES)

Durante tus vacaciones en la Costa Blanca te has hecho amiga/o de unos jóvenes de Madrid con los que pasáis un día juntos en la playa. De pronto te pones a leer una revista alemana con un artículo que va acompañado con una foto de un móvil. Dos de las chicas del grupo se dan cuenta y quieren saber qué estás leyendo.
Resúmeles en español y en pocas frases lo más importante del artículo.

Nivel B1 – escrito (D > ES)

Tu compañero/a español/a de intercambio te contó en su último mail que su clase está participando en un proyecto en el que todos los estudiantes de su clase tienen que prescindir del Internet durante dos semanas.
Como tú te acuerdas de haber leído algo sobre un experimento en el que jóvenes de un instituto en Alemania han tenido que tratar de arreglárselas durante una semana sin móvil, te pones a buscar este artículo.
Resúmele a tu compañero/a español/a de intercambio este experimento en español.

Strategie:
Beim Zusammenfassen ist es nicht notwendig, dass du jede Einzelinformation des Textes nennst.
Oft kannst du mehrere Informationen mit einem Oberbegriff zusammenfassen.

Beispiel:
hablar por teléfono, escribir un mensaje, chatear => comunicar

C Mehrsprachige Sprachmittlung

Montjuïc (CAT > ES)

Material

MONTJUÏC BIKE TOUR

La Muntanya Màgica d'una manera diferent. Bornbike Barcelona us proposa viure una experiència cultural i d'aventura descobrint la muntanya de Montjuïc com mai abans. Un tour per conèixer la història, el present i el passat de la muntanya màgica més màgica de Barcelona.
- Port Vell – Barri del Raval – Plaça Espanya – Font Màgica i palaus de Montjuïc – Palau Sant Jordi – Estadi Olímpic – Fundació Joan Miró i Mirador de Montjuïc (Miramar).
- L'itinerari del tour transcorre per vies sense trànsit, zones de vianants i carrils bici.
- Guies experts us acompanyen durant tot el recorregut i efectuen parades per conèixer cada punt d'interès.

La ruta guiada Montjuïc Bike Tour inclou:
Lloguer de la bicicleta.
Acompanyament d'un monitor-guia.
Una beguda.
Cascs i cadiretes infantils gratuïtes*.

*Infantils menors de 22 kg: tour gratuït.

Els menors de 15 anys han d'anar acompanyats sempre d'un adult.

La Muntanya Màgica i el Palau Nacional

Durada de la ruta: 3 hores, aproximadament.
Idiomes del tour: anglès.*

*A partir de grups de mínim 4 persones: en francès, alemany, italià, català i castellà. Per reservar: truqueu al [34] 932 853 832.

Horari del Montjuïc Bike Tour: sortides garantides, diàriament a les 11 h i a les 16 h.
Tancat: el 25 i 26 de desembre i l'1 de gener.
Punt de sortida: Marquesa, 1. Metro L4: Barceloneta. Vegeu plànol
Montjuïc Bike Tour. Adult – 22 €
Montjuïc Bike Tour. Infantil (4–15 anys) – 20 €

© bcnshop.barcelonaturisme.cat
Información datando de julio 2013

El catalán y el espanol se parecen mucho ya que los dos vienen del latín. Es por eso que sobre todo en cuanto al vocabulario presentan muchas similitudes.

Aufgabe

Nivel B1 – oral (CAT > ES)

Durante tu estadía en Salamanca, donde estás haciendo un curso de español conoces a un danés, una holandesa y dos japoneses. Con ellos decidís hacer un viaje a Barcelona durante un fin de semana. En Internet estáis buscando información para vuestros planes. Encontráis una página web para conocer algunas partes de Barcelona en bicicleta. Lamentablemente, la página está solo en catalán y no en español. Tú eres el/la que más español entiende y por eso les cuentas a los otros (en español) lo que necesitan saber para hacer esa visita.
Piensa sobre todo en los puntos siguientes:

- *Lugares por donde pasa*
- *Precio y lo que incluye*
- *Lengua*
- *Horarios*
- *Duración total*
- *Lugar donde empieza*

Bem-vindos ao nosso camping (Port > D)

Material

- Aberto todo o ano, o camping está situado a 7 km de Lagos, «jóia da coroa do Algarve», e a 23 km do Cabo São Vicente, ponta mais ocidental da Europa e ponto de partida das Caravelas dos grandes navegadores portugueses.
Uma mistura de climas atlântico e mediterrâneo faz com que os invernos sejam suaves e os verões não demasiados quentes. Pomos à sua disposição as nossas instalações modernas e cuidadas e temos todo o necessário para fazer.
- Com que a sua estadia seja inesquecível: serviço de Recepção e informação.
- Supermercado, máquinas de lavar e secar a roupa, estação para autocaravanas e lava-carros.
- Ainda, temos uma sala Internet, sistema Wi-Fi, para além das numerosas instalações desportivas e de lazer. A piscina californiana é uma das maiores e mais modernas do país. Relaxe e aproveite o fabuloso sol do Algarve. Rodeada por numerosas zonas verdes e jardins, a piscina conta com zonas para adultos, para crianças e a vigilância de um nadador salvador.
- Instalações desportivas e de lazer.
- Aproveite todo o vosso tempo livre e desfrute da Natureza com a possibilidade de praticar todo o tipo de desportos e actividades. A paisagem costeira oferece-nos a possibilidade de realizar actividades como o surf, kayak ou outras mais tranquilas como passeios de barco ou simplesmente desfrutar de um dia de praia nas impressionantes praias.
No próprio camping, contamos com programas de animação tanto de dia como de noite. Aulas de aeróbica, aquagym, futebol, basquetebol, voley, petanca, ping-pong. Espectáculos de Flamenco, musica brasileira, discoteca e jazz são apenas uns exemplos. Viva as suas férias com energia.

Um passeio de kayak

Aufgabe

Nivel B1 – escrito/oral (Port > D)

Unos amigos y tú queréis viajar a Portugal por tres semanas en las vacaciones de verano. Para los primeros diez días os habéis propuesto ver un poco de "cultura" y en la segunda parte de las vacaciones queréis descansar y disfrutar del mar.
En Internet tú has encontrado un sitio para hacer camping en Algarve que no es muy caro y que os podéis permitir. Además tiene sitio libre para el tiempo que pasaréis allá. Como tú eres el único que está aprendiendo una lengua romance tratas de deducir lo que dice la página de inicio del camping que está en portugués. Para planear el viaje les resumes (oralmente y en alemán) a tus amigos la información principal de la página de inicio del camping.

El portugués y el español se parecen mucho ya que los dos vienen del latín y es por eso que presentan tantas similitudes.

Alternativa: Envíales a tus amigos un resumen (en alemán) con la información principal de la página de inicio del camping.

Un invento español (ES > D)

Material

Hörtext aus Empresas: *audiolibro colección marca españa*

© Difusión/Ernst Klett Sprachen, 2011

Aufgaben

Nivel A2 – oral

A ti y a tus amigos os encantan los Chupa Chups. Tú sabes que son de España y como ya has empezado a aprender español quieres saber por qué se llaman así. Por ello buscas en Internet y encuentras un pequeño documental español del Chupa Chups, dentro de una serie sobre los inventos españoles.

Escucha el audiotexto español y, debido a que tus compañeros no saben español, explícuales, en pocas palabras, la historia de los Chupa Chups en alemán.

Nivel B1 – escrito

A ti y a tu mejor amigo/a os encantan los Chupa Chups. Tú sabes que son de España y como ya has empezado a aprender español quieres saber por qué se llaman así. Por ello buscas en Internet y encuentras un pequeño documental español del Chupa Chups, dentro de una serie sobre los inventos españoles.

Escucha el audiotexto español y, debido a que tu amigo/a no sabe español, escríbele la historia de los Chupa Chups en un pequeño mail y en alemán.

No necesitas explicar todos los detalles, concéntrate en los hechos más importantes.

Niveau B2 – schriftlich

Für Ihren Wirtschaftskurs müssen Sie eine Präsentation über ein spanisches Produkt oder eine spanische Firma vorbereiten. Im Internet haben Sie die vorliegende Dokumentation über «Chupa Chups» aus der Reihe Grandes y pequeños inventos españoles gefunden.

Hören Sie sich die Dokumentation an und fassen Sie die Informationen in einem detaillierten, zusammenhängenden Text zusammen (auf Deutsch).

Online-Link: pw68bp

Das kostenlose Audio- und Videomaterial für die Aufgaben zum Hörverstehen und Hörsehverstehen finden Sie im Internet unter dem angegebenen Online-Link. Gehen Sie dazu auf www.klett.de und geben Sie den Link in das Suchfeld oben rechts ein.

Algunos Chupa Chups

El turismo en España (ES > D)

Material
Podcast

Online-Link: pw68bp

Aufgaben

Nivel A2 – oral
Buscando en Internet te encuentras, por casualidad, una emisora de radio española. Como hace poco tiempo que tú aprendes español, te pones a escuchar un artículo audio y tratas de comprenderlo. De pronto, tu hermano/a entra en tu dormitorio y quiere saber qué estás escuchando. Explícale (en alemán) en pocas palabras de qué se trata.

Nivel B1 – escrito u oral
Desde hace tres años estás estudiando el español en la escuela. Para tu clase de geografía tienes que hacer una presentación sobre el turismo en España – en alemán. Para prepararte has pedido ayudo a tu profesor/a de español y él/ella te ha enviado un enlace con el que puedes acceder un artículo audio de la radio española. Escucha el artículo audio y toma notas para tu presentación oral o escribe un esquema para tus compañeros de clase. No es necesario que expliques todos los detalles.

Niveau B2 – schriftlich
Für Ihre Facharbeit in Geografie müssen Sie in Partnerarbeit mit einem/r Mitschüler/in recherchieren, welche Bedeutung der Tourismus für/in Spanien hat und welche Besonderheiten es in diesem Bereich gibt. Sie lesen und hören viele Artikel darüber und finden schließlich auch diese spanische Reportage.

Da Ihr/e Mitschüler/in leider kein Spanisch spricht, fassen Sie den Inhalt der Reportage für ihn/sie zusammen und schicken ihn ihm/ihr per Mail. Schreiben Sie die Mail auf Deutsch.

Der Strand in Benidorm

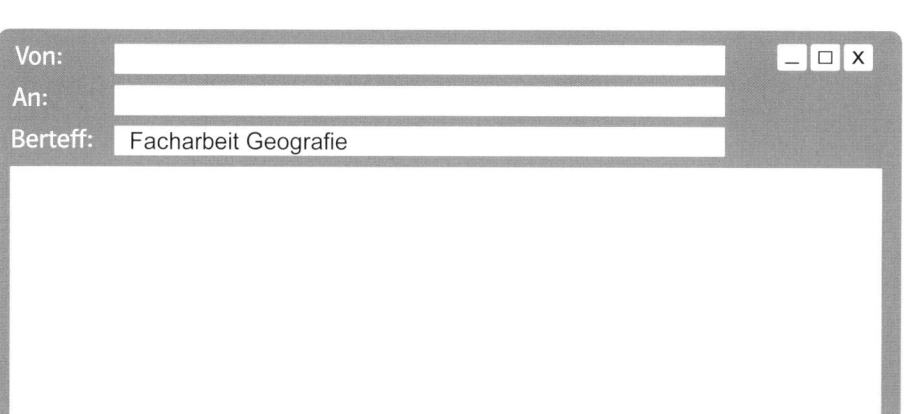

Betreff: Facharbeit Geografie

D Hörverstehen: Aufgaben zur Sprachmittlung

Viajes (ES > D)

Online-Link: pw68bp

Material
Hörtext aus *Palabras en contexto* 3-12-513352-5 © Ernst Klett Sprachen, 2012

Aufgaben

Nivel B1 – oral

Unos amigos tuyos van a viajar a México y te preguntan qué sabes de México. Tú no sabes qué responderles, pero tienes un libro audio en casa y te acuerdas que ahí hay un artículo sobre México. Escucha los textos auditivos y trata de encontrar respuestas a todo lo que tus amigos quieren saber. Piensa sobre todo en las preguntas siguientes:

- Wie ist das Klima in Mexiko?
- Was können wir dort besichtigen?
- Ist es als Tourist gefährlich in Mexiko?
- Wie können wir uns dort am besten fortbewegen, mit dem Auto oder besser mit den öffentlichen Verkehrsmitteln?

Tus amigos no saben español. Cuéntales todo lo que ya sabes en alemán.
Representad la situación en tres o cuatro.

Ciudad de México con el Monumento de la Independencia y el Paseo de la Reforma

Chichén Itzá y el Muro de las Calaveras

Nivel B1 – escrito

Tus abuelos van a viajar a México y te preguntan qué sabes tú de México.

> Liebe/r _____!
> Stell dir vor… wir wollen diesen Sommer nach Mexiko. Ist das nicht schön! Jetzt siehst du, warum Spanisch heute so wichtig ist. Schade, dass du nicht mit dabei sein kannst, du hättest unser/e Dolmetscher/in sein können. Aber trotzdem würden wir gerne von dir als „Spanischexperte/-expertin" ein paar Tipps bekommen:
> Wie groß ist Mexiko bzw. Mexikostadt eigentlich?
> Was kann man dort Interessantes machen oder besichtigen?
> Was können wir dort unternehmen? Wir wollen am liebsten ein bisschen durch das Land reisen. Oder ist das zu gefährlich?
> Überlege es dir, ob du nicht doch mit uns nach Mexiko kommst. Wir würden uns sehr darüber freuen.
> Deine Omi und Opa

Tú no sabes qué responderles, pero te acuerdas que tienes un libro audio en casa en el que hay un texto sobre México. Escucha el texto auditivo y respóndeles a tus abuelos escribiéndoles un mail en alemán.

D Hörverstehen: Aufgaben zur Sprachmittlung

Der Nachtwandler (D > ES)

Material
Podcast © NDR 2, 2013

Online-Link: pw68bp

Aufgaben

Nivel B1 – escrito
Tú te vas a ir con el intercambio de tu instituto a San Sebastián. Antes de viajar a España buscas un regalo para los padres de la familia donde te vas a alojar. Tu compañero/a de intercambio te contó una vez en un mail que a sus padres les encanta leer. Además, tú sabes que ellos hablan bastante bien alemán y por eso te atreves a regalarles una novela alemana. Buscas en Internet la lista de éxito de librería y encuentras ahí un título que te parece interesante: «Der Nachtwandler» de Sebastian Fitzek. Como no sabes nada de este libro comienzas a buscar en Internet para averiguar su contenido y encuentras un programa en la radio en que presentan esta novela.

No estás seguro de que esta novela sea del gusto de los padres de acogida, así que decides volver a escuchar por lo menos una parte de este programa (hasta 1:09 del documento audio). Para poder tomar la decisión final le escribes un mail a tu compañero/a de intercambio preguntándole si ese libro le podría gustar a sus padres. Explícale en el mail, primero que todo, el título y resúmele el contenido de la novela.

Sebastian Fitzek, deutscher Autor und Journalist

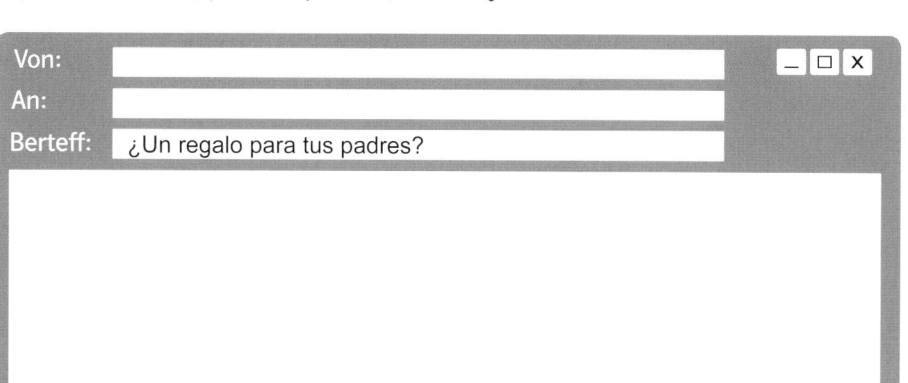

Von:
An:
Berteff: ¿Un regalo para tus padres?

Niveau B2 – mündlich
Die Mutter Ihres/r besten Freundes/in hat einen Spanier geheiratet, der nun der Liebe wegen nach Deutschland gezogen ist. Sein Deutsch ist noch nicht sehr gut, weshalb sie zu Hause meistens Spanisch oder Englisch sprechen. Beim Abendessen läuft das Radio. Als der Name „Sebastian Fitzek" fällt, bittet Ihr/e Freund/in die anderen, kurz mal still zu sein, weil er/sie gerade dessen Roman „Der Augenjäger" gelesen hat. Ihr lauscht alle dem Radiobeitrag, in dem Fitzeks Roman „Der Nachtwandler" vorgestellt wird, aber natürlich versteht der Spanier nur wenig.

Fassen Sie, nachdem der Bericht zu Ende ist, die wichtigsten Informationen zum Inhalt des Romans und den Kommentar des Radiojournalisten für ihn auf Spanisch zusammen.

Strategie:
Überlege dir, wie du Formulierungen, die du nicht wörtlich übersetzen kannst, umschreiben könntest:
die Abgründe der menschlichen Psyche beleuchten,
ein Veilchen haben,
eine Spur zu abgedreht sein,
zart besaitet sein …

5/6 D Hörverstehen: Aufgaben zur Sprachmittlung

Schlechte Zeiten für Siesta (D > ES)

Online-Link: pw68bp

Material
Podcast © NDR Info, 2012

Aufgaben

Nivel A2/B1 – oral
Por la mañana, tu madre escucha siempre la radio alemana. Tu intercambio español/a está presente y escucha varias veces la palabra «siesta». Te pregunta de qué hablan. Hazle un resumen en español.

Nivel A2/B1 – escrito
Hoy por la tarde has escuchado un comentario en la radio que te sorprendió bastante y te preguntas si esto puede ser verdad. Escríbele a tu estudiante de intercambio un correo electrónico con un resumen de este comentario y pregúntale a él/ella si lo que dicen es verdad.

Un mejicano haciendo siesta

Fernbeziehung via Skype (D > ES)

Online-Link: pw68bp

Material
Podcast © HR Info 2013

Aufgaben

Nivel B1 – escrito
En las vacaciones pasadas conociste a un/a estudiante de Madrid con él/la que chateas regularmente. En el último chat él/ella te contó que, en pocas semanas, su novio/a se iría a vivir a Mallorca con su familia porque su padre había encontrado trabajo ahí. Claro que él/ella no está muy contento/a ya que teme que este sea el final de su relación.
Unos días después tú estás escuchando la radio cuando pasan un programa sobre «relaciones a distancia por skype». Escuchándolo piensas en él/ella y en su relación todo el tiempo. En el próximo chat le quieres contar del comentario.
Resume en español y en escrito el contenido del podcast para tenerlo listo para el próximo chat.

Nivel B1 – oral
En las vacaciones pasadas conociste a un/a estudiante de Madrid con él/la que chateas regularmente. En el último chat él/ella te contó que, en pocas semanas, su novio/a se iría a vivir a Mallorca con su familia porque su padre había encontrado trabajo ahí. Claro que él/ella no está muy contento/a ya que teme que este sea el final de su relación.
Unos días después tú estás escuchando la radio cuando pasan un programa sobre «relaciones a distancia por skype». Escuchándolo piensas en él/ella y en su relación todo el tiempo. Llámalo/la y resúmele el contenido del podcast en español. Representad la situación en pareja.

E Hörsehverstehen: Aufgaben zur Sprachmittlung

Heute bin ich blond (D > ES)

Material
Filmtrailer © Universum Film, 2012

Online-Link: pw68bp

Aufgaben

Niveau B1/B2 – schriftlich

Einige Schüler/innen deiner Schule nehmen an einem europäischen Filmprojekt teil, in dessen Rahmen mehrere Filme zum Thema „Erwachsenwerden" gezeigt und diskutiert werden sollen. Die Auswahl der deutschen Filme ist bereits erfolgt, nun seid ihr dabei, zu jedem der Filme eine kurze Zusammenfassung in mehreren Sprachen zu verfassen. Da du Spanisch lernst, wurdest du gebeten, diese Aufgabe für einen der Filme auf eurer Auswahlliste zu übernehmen.

Du hast dich für einen Film mit einem sehr ernsten Thema entschieden: „Heute bin ich blond" erzählt die Geschichte der 21-jährigen Sophie, die sich auf ihr Studium und ein partyreiches WG-Leben freut, doch plötzlich schwer erkrankt.

Schreibe anhand des Filmtrailers eine Zusammenfassung des Films auf Spanisch.

Strategie:
Wenn du über eine Filmsequenz sprechen/schreiben möchtest, solltest du dir einen Überblick über folgende Informationen verschaffen:
Handlung/Ort und Zeit/Charaktere/Ton, Musik, Licht, Kameraführung/Auswirkung auf die Zuschauer.

Niveau B1/B2 – mündlich

Du besuchst in den Sommerferien einen Spanischkurs in Sevilla, an dem Jugendliche und junge Erwachsenen verschiedener Nationen teilnehmen. Im Rahmen dieses Kurses sollen alle Teilnehmer/innen ihren Lieblingsfilm in wenigen Sätzen vorstellen. Obwohl die Tragikomödie „Heute bin ich blond" eine sehr ernste Geschichte erzählt, hast du dich für die Präsentation dieses Films entschieden. Schau dir den Trailer an und erzähle auf dieser Basis, worum es im dem Film geht.

Machuca (ES > D)

Material
Auszug aus dem Film *Machuca* © Tiberius Film GmbH & Co. KG

Online-Link: pw68bp

Aufgabe

Nivel B1 – oral

Un/a amigo/a alemán/alemana, que te está visitando, te cuenta que tiene que hacer una exposición para la clase de historia sobre las dictaduras del siglo XX. Tú le preguntas si también va a hablar sobre el dictador chileno, Pinochet. Tu amigo/a no lo conoce y no tiene idea de la situación de Chile en los años 70 y 80. Tú le recomiendas la película «Machuca» y le pones el DVD, pero solo le muestras una escena para que se haga una idea de lo que se trata. Él/Ella no habla nada de español. Resúmele en alemán lo que pasa en la secuencia.

Entrevista con Jordi Sierra i Fabra (ES > D)

Online-Link: pw68bp

Material
Synopse © www.lecturalia.com bzw. Videopodcast © Editorial La galera

Aufgaben

Nivel A2 – oral
Tu profesor/a de español ha traído un montón de libros en español para jóvenes. Cada alumno/a puede escoger uno para leerlo en casa. En cada libro hay un resumen del contenido en español (ver abajo). A ti te apetece leer una novela de Jordi Sierra i Fabra: Frontera.
Durante la cena, tus padres te preguntan sobre lo que estáis haciendo en el curso de español. Tú les cuentas sobre el proyecto de literatura. Para ello, haz un resumen del contenido de tu novela en alemán.

Jordi Sierra I Fabra, un autor catalán famoso

> Amina es una chica marroquí de catorce años que lleva viviendo en España casi toda su vida. Su familia se trasladó cuando ella era todavía una niña. Ahora va al colegio y está decidida a ser abogada y escritora. Pero, todos sus sueños se desvanecen cuando sus padres le dicen que tiene que volver a Marruecos para casarse con un hombre de cincuenta años al que ni siquiera conoce.
>
> Amina aborrece esa idea y se va de casa. Pide ayuda a su amiga Estefanía, quien la acoge en el viejo desván de su casa sin el conocimiento de sus padres. Cuando Amina lleva varios días sin ir al colegio y sin pasar por su casa las cosas empeoran: empiezan a producirse manifestaciones de magrebíes en el pequeño pueblo donde vive. Estas manifestaciones provocan una ola de xenofobia y los disturbios son cada vez más frecuentes.
>
> Al final, con la ayuda de Estefanía y de su profesora de lengua, Lucía Cortázar, Amina vuelve a su casa con la promesa de sus padres de que no la enviarán a Marruecos y de que podrá elegir su propio futuro.
>
> © www.lecturalia.com

Nivel B1 – oral
En el Taller de Literatura del instituto de tu hermano/a hablan de escritores contemporáneos de todo el mundo. Cada semana un/a alumno/a hace una presentación sobre uno de estos escritores. En dos semanas le toca a tu hermano/a hablar del escritor español, Jordi Sierra i Fabra, cuya novela «Gauditronix», ha leído en alemán. Durante su búsqueda en la red encuentra una entrevista con Jordi Sierra i Fabra, pero tiene problemas para entenderla. Por eso te ruega que mires el video y le cuentes las informaciones más importantes en alemán.

Nivel B1 – escrito
En el Taller de Literatura del instituto de un/a amigo/a tuyo/a hablan de escritores contemporáneos de todo el mundo. Cada semana un/a alumno/a hace una presentación sobre un escritor. En dos semanas a tu amigo/a le toca hablar del escritor español, Jordi Sierra i Fabra, cuya novela «Gauditronix» ha leído en alemán. En Internet encuentra una entrevista con Jordi Sierra i Fabra, pero tiene problemas para entenderla. Por eso te pide que mires el video y le hagas un resumen en alemán. Envíale un e-mail a tu amigo/a.

Extra: Multimediale Aufgabe

Un cuento chino (ES > D)

Material

Filmtrailer © Tornasol Films/Pampa Films, 2011

Online-Link: pw68bp

El director Sebastián Borensztein en el Festival de Roma

TÍTULO ORIGINAL
Un cuento chino

AÑO
2011

DURACIÓN
93 min.

PAÍS
Argentina

DIRECTOR + Guion
Sebastián Borensztein

MÚSICA
Lucio Godoy

FOTOGRAFÍA
Rolo Pulpeiro

REPARTO
Ricardo Darín, Ignacio Huang, Muriel Santa Ana, Iván Romanelli, Vivian Jaber, Enric Cambray, Pablo Seijo, Joaquín Bouzas

PRODUCTORA
Coproducción Argentina-España; Pampa Films/Tornasol Films

PREMIOS
2011: Festival de Roma: Mejor película, Premio del público
2011: Premios Goya: Mejor película iberoamericana

GÉNERO
Comedia. Drama | Comedia dramática

Sinopsis: «Un cuento chino» es una comedia del casual encuentro de Roberto, un hombre marcado por un duro destino, y un chino que está perdido buscando a su tío en Buenos Aires. Es así como Roberto, que vive en completa soledad, logra salir de su aislamiento y se pone de nuevo en contacto con el mundo real. Desde este inesperado encuentro los dos comienzan a compartir forzosamente el día a día con el pequeño inconveniente que el chino no habla ni una sola palabra de español y Roberto no habla chino.

Aufgabe

Niveau B2 – schriftlich

Die Gruppe des Wahlfachs „Theater und Kino" an Ihrer Schule arbeitet gerade im Rahmen einer Schulkinoreihe an einer Filmpräsentation. Die Schüler suchen den besten Film in jeder der Sprachen, die an der Schule unterrichtet werden. Da Sie Spanisch als 2. Fremdsprache haben, sollen Sie einen spanischsprachigen Film heraussuchen.
Im Internet finden Sie einen neuen argentinischen Film: Schauen Sie sich das Titelbild an, lesen Sie die Kurzfassung und schauen Sie sich den Filmausschnitt/Trailer an. Verfassen Sie auf der Grundlage der vorliegenden Informationen einen Text, in dem Sie „Un cuento chino" vorstellen.

Bildquellennachweis:
16,1 fotolia (Fotomicar), New York; **16,2** fotolia (joserpizarro), New York; **18** istockphoto (wepix), Calgary, Alberta; **19** istockphoto (hsvrs), Calgary, Alberta; **20,1** istockphoto (vgajic), Calgary, Alberta; **20,2** istockphoto (LifesizeImages), Calgary, Alberta; **22** thinkstock/istockphoto, München; **23** istockphoto (Juanmonino), Calgary, Alberta; **24** Getty Images Deutschland GmbH, München; **26,1** istockphoto (alousia), Calgary, Alberta; **26,2** istockphoto (Ingenui), Calgary, Alberta; **26,3** istockphoto (skynesher), Calgary, Alberta; **28,1** istockphoto (Mitja Mladkovic), Calgary, Alberta; **28,2** istockphoto (Michael DeLeon), Calgary, Alberta; **28,3** istockphoto (kzenon), Calgary, Alberta; **30,1** istockphoto (Juanmonino), Calgary, Alberta; **30,2** istockphoto (pierredesvarre), Calgary, Alberta; **30,3** istockphoto (Andrea Astes), Calgary, Alberta; **32,1** istockphoto (NRedmond), Calgary, Alberta; **32,2** istockphoto (Mendelewski), Calgary, Alberta; **32,3** istockphoto (lemonadelucy), Calgary, Alberta; **34,1** istockphoto (nicolamargaret), Calgary, Alberta; **34,2** Fotolia LLC (Robert Wilson), New York; **34,3** fotolia (dresden), New York; **36,1** istockphoto (BakiBG), Calgary, Alberta; **36,2** istockphoto (Shelly Perry), Calgary, Alberta; **36,3** istockphoto (Anna Bryukhanova), Calgary, Alberta; **38,1** istockphoto (Juergen Bosse), Calgary, Alberta; **38,2** istockphoto (Sepp Friedhuber), Calgary, Alberta; **38,3** istockphoto (Kevin Alexander George), Calgary, Alberta; **40,1** getty images (Carlos Alvarez), München; **40,2** istockphoto (Yuri), Calgary, Alberta; **40,3** istockphoto (YinYang), Calgary, Alberta; **42** thinkstock (Comstock), München; **43** M.A. Matthias Klenk, Guadalajara, México; **45,1** Thinkstock (Digital Vision), München; **45,2** iStockphoto (Jan Wolak), Calgary, Alberta; **47** "Rowohlt Verlage", Reinbek; **48** Klett Archiv, Stuttgart; **50** "Kairos-Filmverleih ", Göttingen; **52** dpa Picture-Alliance GmbH (Sebastian Kahnert), Frankfurt/Main; **54** iStockphoto, Calgary, Alberta; **55** iStockphoto (George Peters), Calgary, Alberta; **56** istockphoto (MEHMET CAN), Calgary, Alberta; **57,1** istockphoto (hatman12), Calgary, Alberta; **57,2** istockphoto (JLGutierrez), Calgary, Alberta; **58,1** istockphoto (maiteali), Calgary, Alberta; **58,2** istockphoto (LUNAMARINA), Calgary, Alberta(Cristina Arias); **59** Getty Images (Ulrich Baumgarten), München; **60** Fotolia (lunamarina), New York; **61,1** "Tiberius Film", München; **62** getty images (Cristina Arias), München; **63** dpa Picture-Alliance GmbH (Eidon), Frankfurt/Main